연세대학교 외국어학당 영어회화 Everyday English

지은이 연세대학교 언어연구교육원 외국어학당
펴낸이 안용백
펴낸곳 (주)넥서스

초판 1쇄 발행 2016년 5월 15일
초판 2쇄 발행 2016년 5월 20일

출판신고 1992년 4월 3일 제311-2002-2호
04044 서울시 마포구 양화로 8길 24
Tel (02)330-5500 Fax (02)330-5555

ISBN 979-11-5752-716-8 13740

저자와 출판사의 허락 없이 내용의 일부를
인용하거나 발췌하는 것을 금합니다.
저자와의 협의에 따라서 인지는 붙이지 않습니다.

가격은 뒤표지에 있습니다.
잘못 만들어진 책은 구입처에서 바꾸어 드립니다.

www.nexusbook.com

연세대학교 외국어학당 영어회화

Everyday English

연세대학교 언어연구교육원 외국어학당 지음

ON AIR

넥서스

서문

"연세대학교 외국어학당 영어회화 Everyday English" 출간에 붙여…

"회화(會話)"란 말의 사전적 의미를 잘 알고 계시나요? "서로 만나서 이야기함. 또는 그런 이야기"로 정의되어 있습니다. 그렇다면 "영어회화"란 서로 만나서 "영어"로 이야기를 하는 것이 되겠지요. 그런데 요즈음은 이 '회화'란 표현을 잘 사용하지 않는 것 같습니다. 오히려 'Speaking'이나 이의 번역식 표현인 '말하기'라는 표현이 많이 사용되는 것 같은데, 굳이 본 교재의 타이틀로 좀 구식처럼 느껴지는 '회화'라는 표현을 다시 꺼내든 것은 이 책의 목적이 이 책을 이용하는 사람이 영어로 말하고 싶은 바를 "상황에 적절하게 사용할 수 있도록" 하는 것이기 때문입니다. 즉, 영어회화란 English Conversation이라 할 수 있고, English Conversation은 혼자만의 독백이 아닌 대화 상호 간에 각 상황에서 자기가 하고 싶은 말을 제대로 된 영어 표현으로 구사하고 상대방의 영어를 잘 듣고 옳게 이해함으로써 대화의 취지가 성사될 수 있어야 하는데, 본 책은 이러한 영어로서의 대화가 제대로 진행될 수 있게끔 각 학습자들이 상황에 적절한 표현을 훈련할 수 있도록 편성되어 있습니다.

한편 본 책이 영어 학습에 있어 '회화'를 강조하는 데는 또 다른 이유가 있습니다. 이는 회화라는 것이 근본적으로 '말소리'로 이루어지기 때문인데, '말소리' 없는 외국어 학습은 그 어느 학습법이든 외국어 벙어리만을 만들 뿐입니다. 따라서 본 책으로 학습할 때는 반드시 '소리'를 내어 학습해야 합니다. 눈으로 영어

텍스트를 보고 이해하려 하지 말고, 먼저 입과 귀를 훈련시켜야 합니다. 방법은 간단합니다. 소리로, 그것도 큰 소리로 본 책의 QR 코드로 링크되어 있는 비디오 클립의 '소리'에 초점을 맞추어 각 표현을 자신의 '영어 말소리'로 만드십시오. 자기가 말할 수 없는 소리는 들리지도 않습니다. 결국 한 언어를 학습한다는 것은 그 언어의 어휘, 체계, 구조 등을 학습자의 머릿속에 만들어가는 것인데, 머릿속에 이를 만드는 가장 효과적인 방법은 눈을 사용해서가 아니라 입을 사용해서입니다. 주는 소리가 되어야겠고, 물론 텍스트로 보강되면 좋습니다. 한국인 영어 학습자들이 많은 좌절을 느끼는 이유 중의 하나는 이 주종 관계가 반대로 된 상태에서 학습하려 하기 때문입니다. 이렇게 이야기해 볼게요. 영어를 머리에 넣으려고 하지 마시고 입에 붙이시라고요.

오랜 역사의 저희 연세대학교 외국어학당(1969년에 설립되었어요)은 기본적으로 '회화'를 통한 학습자들의 영어 능력 향상에 많은 노하우를 가지고 있습니다. 이번에 이 노하우 중 기초 부분 일부를 인터넷에 공개하고 이를 넥서스와 손잡고 이렇게 좋은 영어 학습서로 거듭나게 되어 매우 기쁜 마음입니다. 부디 학습자들의 영어 능력이 일취월장하기를 기원드립니다.

이석재 (연세대학교 문과대학 영어영문학과 교수, 전 연세대학교 외국어학당 원장)

'연세대학교 언어연구교육원 외국어학당'은?

체계적이고 수준 높은 외국어 학습을 위한 최고의 프로그램

연세대학교 외국어학당은 1969년에 설립되어 지난 47년간 국내 어학기관의 대명사로 자리매김해 왔다. 그간 축적된 경험을 통해 가장 효율적이고 내실을 기하는 어학 프로그램을 발전시켜 왔고, 실력과 사명감을 가진 우수한 강사진을 보유하고 있으며, 꾸준한 커리큘럼 연구 및 분석을 통해 명성을 유지하고자 하루하루 노력하고 있다.

국내 최고의 어학 전문 교육기관

교육학 분야에서 최신의 방법론을 통해 연구 발전시킨 교재를 사용하여, 국내의 정규교육 과정에서 접해 보지 못한 원어민의 살아 있는 표현들을 배울 수 있다. 수강생이 강의실에 들어서는 순간, 영어에 대한 두려움을 없애고 흥미를 가질 수 있도록 이끌어 줌으로써 영어 사용이 자연스럽고 유창해질 수 있도록 도와준다.

강사들은 교육 전문가

연세외국어학당 강사진은 제2외국어로서의 영어교육 인정 자격증, 응용언어학, 교육학 분야의 전문가들이다. 강사들은 국제적으로 권위 있는 케임브리지 CELTA(Certificate in English Language Teaching to Adult)와 DELTA(Diploma in English Language Teaching to Adult) 자격증을 보유하고 있으며, 10년 이상의 경력을 보유한 영어교육 전문가들이다.

연세대학교 외국어학당 선생님들을 소개합니다

Bernard Kim Jr.

Courtney Lyn Zach

David A. Nicolson

Dominic C. Harris

Dylan Morgan

Edward Burgos

Giancarlo Grosso

Jacob Botello

Kyle Klinger

Michelle Kim

Sarah Leeanne Clarke

Timothy Kuhn II

이렇게 구성되어 있어요

미리보기 1
연세대학교 외국어학당 원어민 선생님들의 동영상 강의를 들어 보세요.

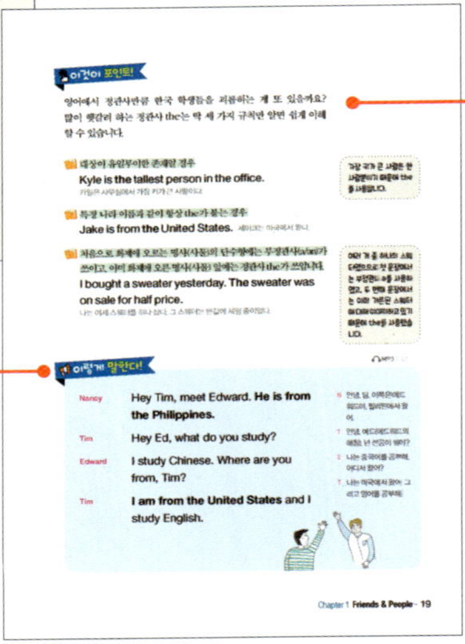

미리보기 2
중요 문법이나 핵심 표현들을 알려줍니다.

미리보기 3
원어민이 직접 녹음한 MP3를 들으며 공부한 내용을 확인해 보세요.
★ 넥서스 홈페이지에서 무료 제공
www.nexusbook.com

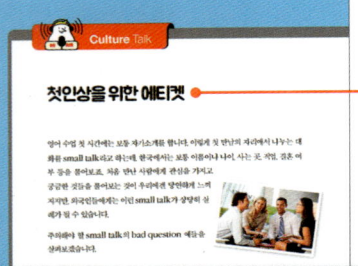

미리보기 4
영어를 잘하려면 언어로서의 영어뿐만 아니라 영어권 나라의 문화도 알아야 합니다.
Culture Talk에서는 이 문화 차이를 설명하고, 우리가 자주 쓰는 콩글리시 표현도 소개했습니다.

연세대학교 외국어학당 무료 동영상 강의를 듣는 4가지 방법

1 스마트폰에 QR코드 리더를 설치하여 책 속의 QR코드를 인식한다.

2 유튜브 검색창에 〈FLI Yonsei〉를 검색한다.

도서 내용에 해당하는 강좌는 넥서스북 홈페이지에 게시된 url 정리 파일을 참고하세요.

3 아이튠즈 팟캐스트에서 〈연세대학교 외국어학당 영어회화〉를 검색한다.

4 팟빵 팟캐스트에서 〈연세대학교 외국어학당 영어회화〉를 검색한다.

목차

🎙 Chapter 1 Friends & People

01 **I'm from the United States.** 나는 미국에서 왔어. 018
02 **He's in his mid-twenties.** 걔는 20대 중반이야. 020
03 **I come from a large family.** 우리집은 대가족이야. 022
04 **You look gorgeous!** 너 정말 멋지다! 024
05 **Have you been to Jeju Island?** 제주도에 가 봤어? 026
06 **That's an unattractive picture.** 사진 정말 별로인데. 028
07 **He's getting on my nerves.** 쟤참 짜증 나게 하네. 030
08 **I have a crush on her.** 걔한테 홀딱 반했어. 032
09 **Is she seeing someone?** 걔 누구 만나는 사람 있어? 034
10 **This is just between us.** 우리끼리 하는 말인데… 036
11 **You've got my word.** 내가 약속할게. 038

Culture Talk 첫인상을 위한 에티켓 040

🎙 Chapter 2 Social Life

01 **Can we meet 6-ish?** 6시쯤 만날래? 044
02 **He's never on time.** 걘 항상 늦는다니까. 046
03 **I'll drop by your office.** 사무실에 잠깐 들를게. 048
04 **I have a plan.** 나 약속 있어. 050
05 **She stood me up!** 걔한테 바람맞았어! 052

06 **RSVP! ASAP!** 빨리 참석 여부를 알려 주세요! 054
07 **This is my treat.** 내가 쏠게. 056
08 **Can you lend me some money?** 돈 좀 빌려 줄래? 058
09 **Make yourself at home.** 편안히 있어. 060
10 **What did I miss?** 내가 뭘 놓쳤더라? 062
11 **Whose side are you on?** 넌 대체 누구 편이야? 064
12 **I want a straight answer.** 솔직히 대답해 줘. 066

Chapter 3 Study & Work

01 **I'm still in school.** 아직 학교에 다녀. 070
02 **I am going to graduate.** 졸업할 거야. 072
03 **I go to work by bus.** 버스로 통근해. 074
04 **I was stuck in traffic.** 차가 막혔어. 076
05 **I'm running out of time.** 시간이 부족해. 078
06 **When is the deadline?** 마감이 언제야? 080
07 **It's an open book.** 오픈북이야. 082
08 **I need to pull an all-nighter.** 밤새야 할 것 같아. 084
09 **She called in sick.** 아파서 못 나온대요. 086
10 **I'm catching up on my work.** 밀린 일을 처리하고 있어. 088
11 **Let's call it a day!** 수고하셨습니다! 090

Culture Talk 미국 영어 VS. 영국 영어 092

Chapter 4 Daily Routine

01 **I'm a night owl.** 난 야행성이야. 096
02 **I cook every now and then.** 종종 요리를 해. 098
03 **I hate doing chores.** 집안일을 싫어해. 100
04 **I work out on a regular basis.** 꾸준히 운동해. 102
05 **I'm running some errands.** 심부름하고 있어. 104
06 **I don't have much time.** 시간이 별로 없어. 106
07 **It's freezing!** 얼어죽을 것 같아! 108
08 **It's hot and humid.** 날씨가 후덥지근하다. 110
09 **I lost track of time.** 시간 가는 줄도 몰랐어. 112
10 **I was sleeping when you called.** 전화했을 때 나 자고 있었어. 114
11 **Don't stay out late.** 일찍 들어와. 116

Culture Talk 영어로 숫자 세기 118

Chapter 5 Food & Health

01 **How do you take your coffee?** 커피 어떻게 드세요? 122
02 **Can I get # 3?** 3번 세트 주세요. 124
03 **Over easy, please.** 계란은 한쪽만 익혀 주세요. 126
04 **Let's grab a bite.** 간단하게 먹고 가자. 128
05 **The milk's gone sour.** 우유가 상한 것 같아. 130

06 **Could you check the status of my order?** 주문 좀 확인해 주시겠어요? 132
07 **I don't have an appetite.** 입맛이 없어. 134
08 **Where is the bathroom?** 화장실 어디에 있어? 136
09 **I'm coming down with a cold.** 감기 몸살이 오는 것 같아. 138
10 **I'm completely burnt-out.** 나 완전 지쳤어. 140
11 **I do Yoga every day.** 매일 요가를 해. 142
12 **I'm out of shape.** 몸매가 망가졌어. 144
13 **You should cut down on smoking.** 담배 좀 줄여. 146

Culture Talk 영어인 듯 영어 아닌 콩글리시 148

Chapter 6 Feelings

01 **I forget a lot.** 자꾸 깜빡한다니까. 152
02 **I'm so embarrassed.** 정말 부끄러워. 154
03 **I hit a homerun!** 내가 해냈어! 156
04 **I'm feeling under the weather.** 몸이 좀 안 좋아. 158
05 **Cheer up!** 파이팅! 160
06 **I'm heartbroken.** 가슴이 찢어질 것 같아. 162
07 **Put yourself in my shoes.** 입장 바꿔 생각해 봐. 164
08 **Don't take me for granted.** 당연하게 생각하지 마. 166
09 **It cracked me up.** 웃겨서 죽을 뻔했어. 168
10 **I'm afraid of heights.** 고소 공포증이 있어. 170

11 **I had a long day.** 정말 피곤한 하루였어. 172
12 **You should sleep on it.** 잘 생각해 봐. 174

Chapter 7 Opinions

01 **Why don't we watch a podcast?** 팟캐스트 보자. 178
02 **It's not my cup of tea.** 내 취향이 아니야. 180
03 **Let's put our heads together.** 머리를 맞대고 생각해 보자. 182
04 **You are on the right track.** 잘하고 있어. 184
05 **That makes two of us.** 동감이야. 186
06 **Everything is under control.** 내가 다 알아서 하고 있어. 188
07 **I can't put my finger on it.** 뭔지 정확히는 모르겠지만… 190
08 **He told me what you said.** 네가 뭐라고 했는지 다 말해 줬어. 192
09 **Leave me out of it.** 나 좀 빼 줘. 194

Culture Talk 리스닝 잘하는 법 196

Chapter 8 Experiences

01 **What are your business hours?** 영업시간이 어떻게 되죠? 200
02 **Where is the bank?** 은행이 어디예요? 202
03 **Speak of the devil!** 호랑이도 제 말 하면 온다더니! 204

- **04 Where is the baggage claim?** 수하물은 어디에 있나요? 206
- **05 I'd like to check in please.** 체크인 하고 싶어요. 208
- **06 Keep your fingers crossed.** 잘될거야. 210
- **07 What seems to be the problem?** 어디가 불편하세요? 212
- **08 Knock on wood!** 조심 또 조심! 214
- **09 Someone stole my wallet.** 누가 제 지갑을 훔쳐 갔어요. 216
- **10 The cat's out of the bag.** 비밀이 누설됐어. 218
- **11 Stop twisting my arm.** 조르지마. 220

Friends
&
People

Lesson 01

나는 미국에서 왔어.
I'm from the United States.

미국인에게 Where are you from? 이라고 물었을 때 대답으로 가장 알맞은 것은 무엇일까요?

일반적으로는 국가 이름 앞에는 정관사가 붙는 경우와 붙지 않는 경우가 있는데요. 다음과 같은 경우에는 국가 이름 앞에 정관사 the가 붙습니다.

국가 이름에 United, Republic, Democratic이 있는 경우
- ex) The United States The Republic of Korea

국가 이름이 복수형인 경우
- ex) The Maldives The Philippines

이것이 포인트!

영어에서 정관사만큼 한국 학생들을 괴롭히는 게 또 있을까요? 많이 헷갈려 하는 정관사 the는 딱 세 가지 규칙만 알면 쉽게 이해할 수 있습니다.

📁 **대상이 유일무이한 존재일 경우**
Kyle is **the** tallest person in the office.
카일은 사무실에서 가장 키가 큰 사람이다.

> 가장 키가 큰 사람은 한 사람뿐이기 때문에 the를 사용합니다.

📁 **특정 나라 이름과 같이 항상 the가 붙는 경우**
Jake is from **the** United States. 제이크는 미국에서 왔다.

📁 **처음으로 화제에 오르는 명사(사물)의 단수형에는 부정관사(a/an)가 쓰이고, 이미 화제에 오른 명사(사물) 앞에는 정관사 the가 쓰입니다.**
I bought a sweater yesterday. **The** sweater was on sale for half price.
나는 어제 스웨터를 하나 샀다. 그 스웨터는 반값에 세일 중이었다.

> 여러 개 중 하나의 스웨터였으므로 첫 문장에서는 부정관사 a를 사용하였고, 두 번째 문장에서는 이미 거론된 스웨터에 대해 이야기하고 있기 때문에 the를 사용했습니다.

🎧 MP3 1-01

이렇게 말한다!

Nancy	Hey Tim, meet Edward. **He is from the Philippines.**	N 안녕, 팀. 이쪽은 에드워드야. 필리핀에서 왔어.
Tim	Hey Ed, what do you study?	T 안녕, 에드(에드워드의 애칭). 넌 전공이 뭐야?
Edward	I study Chinese. Where are you from, Tim?	E 나는 중국어를 공부해. 어디서 왔어?
Tim	**I am from the United States** and I study English.	T 나는 미국에서 왔어. 그리고 영어를 공부해.

Lesson 02

걔는 20대 중반이야.
He's in his mid-twenties

정확한 나이가 아닌 '20대 중반'과 같이 '~ 중반' 등의 표현은 영어로 뭐라고 할까요?

'그는 ~대 중반이다'라고 할 때 He is in his mid- 와 같이 표현합니다. '~대 초반'은 early를 붙이고, '~대 후반'은 late를 붙여 표현한다는 것도 같이 알아 두세요.

- ex He is in his **early** twenties. 그는 20대 초반이다.
- ex I am in my **mid**-thirties. 나는 30대 중반이다.
- ex She is in her **late** sixties. 그녀는 60대 후반이다.

이것이 포인트!

나이는 신체 부위와 같이 그 사람의 일부이기 때문에 전치사 in 뒤에 '소유격(my/his/her)'을 꼭 함께 사용해야 합니다. 따라서 'in+소유격+early/mid-/late+나이(복수형)'와 같이 표현한다는 것을 공식처럼 외워 주세요.

Alex is **in his early forties**. 알렉스는 40대 초반이다.
in+소유격+early+나이(복수형)

> 나이를 이렇게 표현할 수도 있어요.
>
> young adult 십대
> teenager 십대
> middle aged 중년
> senior 60대 이상 노인

early, mid, late는 나이를 표현할 때뿐만 아니라 역사적인 시대를 나타낼 때도 사용할 수 있습니다.

Denim was popular **in the early eighties**.
데님은 80년대 초반에 인기가 많았다.

Disco was popular until **the middle 80's**.
80년대 중반까지 디스코 음악은 인기가 많았다.

이렇게 말한다!

🎧 MP3 1-02

Courtney	How old is your cousin, Gian?	C	지안, 너의 사촌은 몇 살이니?
Gian	**He is in his early thirties.**	G	우리 사촌은 30대 초반이야.
Courtney	Oh, he looks much younger!	C	어머, 훨씬 더 젊어 보이신다!
Gian	Yes, he does!	G	응, 맞아!
Courtney	What about her, who is she?	C	그럼 이 여자분은 누구야?
Gian	That's my sister. She's 22.	G	내 여동생이야. 22살이고.
Courtney	Really? She looks like a baby!	C	정말? 완전 애기 같아 보이는데!

Lesson 03

우리 집은 대가족이야.
I come from a large family.

가족에 대해 말할 때 '대가족' 또는 '식구가 많다'는 어떻게 표현할까요?

'대가족'은 big family 또는 large family라고 하고, '소가족'은 small family 로 표현할 수 있습니다.

- ex) I come from a large family. 우리 가족은 대가족이다.
- ex) There were a lot of large families in the past. 예전에는 대가족이 많았다.

이것이 포인트!

'우리 가족은 대가족이다', '나는 대가족 출신이다'라고 말할 때 I come from a large family라고 합니다.

Tom comes from a large family. 탐은 대가족 출신이다.

'가족'이라는 뜻의 단어 family는 항상 단수 형태로 사용합니다. family를 '하나'의 그룹으로 취급하기 때문이죠.

My family comes from Korea. 우리 가족은 한국에서 왔어.
Her family is coming from overseas.
그녀의 가족은 해외에서 오고 있는 중이다.

> 어디 출신인지를 묻는 말인 Where are you from?에 대답할 때도 come from을 쓸 수 있어요.
>
> I come from Korea.
> 나는 한국 출신이야.

가족과 관련된 단어
- **siblings** 형제/자매
- **extended family** 먼 친척
- **relatives** 친척
- **-in law** 남편이나 부인의 집안 식구들
  mother-in-law 시어머니/장모님

이렇게 말한다!

🎧 MP3 1-03

Sarah	Do you have any siblings?	S 너는 형제들이 있니?
Dominic	I have two brothers and three sisters.	D 나는 형이 두 명, 누나가 세 명 있어.
Sarah	Wow, **You come from a large family**, Dominic.	S 와, 도미닉, 너희 대가족이구나.
Dominic	Indeed. **My dad also comes from a large family.**	D 맞아. 우리 아버지 역시 대가족 출신이셔.

Lesson 04

너 정말 멋지다!
You look gorgeous!

'예쁘다'는 표현은 pretty와 beautiful 말고는 없을까요?

'예쁘다'라고 말할 때 pretty와 beautiful 외에 gorgeous라는 단어도 많이 쓰입니다. gorgeous는 예쁜 것 이상으로 굉장히 멋지다는 뜻으로, 다소 과장되거나 격양된 칭찬 표현이라고 할 수 있습니다.

- ex You look **gorgeous**! 너 오늘 정말 멋지다!
- ex That is an absolutely **gorgeous** painting! 정말 너무나 아름다운 그림이네요!

이것이 포인트!

외모를 칭찬하는 다양한 표현들을 알아볼까요?

- **cute** 귀여운 외모나 행동을 나타냄
  Your dog is really **cute**. 너희 강아지 정말 귀엽다.

- **pretty** 얼굴이나 물건 등이 예쁘다고 할 때
  That's a **pretty** dress. 그 원피스 정말 예쁘다.

- **beautiful** 외모나 물건 또는 풍경이 아름답다고 할 때
  The view here is **beautiful**. 여기는 경치가 정말 아름답다.

- **good looking** 외모나 물건이 잘생겼다고 할 때
  That's a **good looking** car. 정말 멋진 차구나.
  They are a **good looking** couple. 저 커플은 선남선녀야.

> good looking을 꼭 남자가 '잘생겼다'는 의미로 사용하는 것은 아닙니다.

이렇게 말한다!

🎧 MP3 1-04

Jake	So what's she like? Do you have a picture of her?	J 그래서 여자친구는 어때? 사진 있어?
Edward	Here.	E 여기.
Jake	**Your girlfriend is gorgeous!**	J 정말 근사하다!
Edward	I know, isn't she?	E 그렇지? 나도 알고 있어.

Chapter 1 **Friends & People** · 25

Lesson 05

제주도에 가 봤어?
Have you been to Jeju Island?

자신의 '경험'에 대해 이야기할 때 사용할 수 있는 가장 적합한 시제는 무엇일까요?

지금까지 살면서 경험한 것들에 대해 이야기할 때는 현재완료 시제를 써서 말합니다. 현재완료는 'have(has)+과거분사'의 형태로, 과거부터 현재까지 지속되는 일들을 나타낼 때 자주 쓰입니다.

- ex) **I have been** to Australia. 호주에 가 본 적이 있다.
- ex) **I have never tried** snorkeling. 스노클링을 해 본 적이 없다.

이것이 포인트!

현재완료 시제는 자연스럽게 어떤 일을 해 본 적이 있는지 없는지 경험에 대해서 이야기할 때 종종 사용합니다.

📁 **Have you ever + p.p.?** ~해 본 경험이 있는지 물어볼 때
Have you ever been to China? 중국에 가본 적이 있나요?

📁 **I have never + p.p.** ~해 본 경험이 없다고 말할 때
I have never been to China. 중국에 가 본 적이 없다.

과거에 시작된 일이 현재까지 진행되고 있거나 완료되지 않은 상황을 이야기할 때에는 자연스럽게 과거의 시작점을 나타내는 for와 since가 현재완료와 함께 사용됩니다. for는 기간을, since는 시작점을 나타냅니다.

I **have studied** English **for** 4 years.
나는 4년 동안 영어 공부를 해 왔다.
I **have lived** in Korea **since** 2008.
나는 2008년부터 한국에 살고 있다.

이렇게 말한다!

🎧 MP3 1-05

Michelle	Hey Kyle, **have you been to China?**	M 카일, 중국에 가본 적 있어?
Kyle	Yes, many times. **Have you?**	K 응, 많이 가 봤지. 너는?
Michelle	**No, I have never been to China.**	M 아니, 난 아직 한 번도 없어.
Kyle	That's why **I have been studying Chinese for the past two years!**	K 그래서 내가 지난 2년 동안 중국어를 공부해 온 거야!

Chapter 1 **Friends & People** · 27

Lesson 06
사진 정말 별로인데.
That's an unattractive picture.

영어로 '못났다'는 '예쁘다'만큼 다양하게 표현할 수 있습니다. 흔히 알고 있는 ugly 말고도 어떤 것들이 있을까요?

ugly나 unattractive는 사람의 외모나 성격 또는 사물을 묘사할 때 사용됩니다. unattractive는 ugly보다 조금 부드러운 표현이죠.

- ex) That looks **ugly**. 그거 진짜 별로다. (정말 못생겼다.)
- ex) That is an **unattractive** picture of you. 너 그 사진 별로인 것 같아.

이것이 포인트!

사람의 얼굴뿐 아니라 사물의 생김이 못생겼다고 할 때도 ugly와 unattractive를 사용할 수 있습니다. 이보다 심하게 더럽거나 징그러워 보이는 것은 disgusting으로 표현할 수 있습니다.

📁 **ugly** 못생긴, 별로인
That is an **ugly** color bag. 그 가방 색깔 정말 별로다.

📁 **unattractive** 매력적이지 못한
Yellow teeth are so **unattractive**. 누런 치아는 정말 별로야.

📁 **disgusting** (특히 냄새가) 역겨운
What is this smell? It's **disgusting**.
대체 이게 무슨 냄새지? 역겨워.

이렇게 말한다!

MP3 1-06

Christie	Why don't you try changing the color of the wallpaper here?
Nancy	Why?
Christie	I think **it's unattractive.**
Nancy	No, it's way too much work!

C 여기 벽지 색깔을 바꿔 보지 그래?
N 왜?
C 좀 별로인 것 같아.
N 아니야. 너무 일이 많아져!

Lesson 07
쟤 참 짜증 나게 하네.
He's getting on my nerves.

'짜증 난다', '거슬린다', '신경 쓰인다'는 영어로 뭐라고 말할까요?

영어로 '신경'은 nerve이고, '어떠한 상태가 되어 간다'는 getting이죠? 이 둘을 사용하여 ~ is getting on my nerves와 같이 말하면 '~이 내 신경을 거슬리게 한다', 즉 '짜증 나게 한다'는 의미가 됩니다.

- ex **It's getting on my nerves.** 슬슬 신경에 거슬리네. (그래서 짜증이 나고 있다.)
- ex **Her complaints are getting on my nerves!** 그녀의 불평이 슬슬 거슬리려고 해!

이것이 포인트!

비슷한 의미의 단어로는 annoying(귀찮다), irritating(짜증 나다) 등이 있습니다.

It's **annoying** how we always have to wait to be seated here!
여긴 자리 잡으려면 항상 기다려야 해서 짜증 나!

His know-it-all attitude is really **irritating**.
그의 아는 척하는 태도는 정말 짜증 나.

이보다 더 격한 흥분 상태를 나타낼 때는 driving me crazy 또는 driving me insane과 같이 표현합니다. 해석하면 '날 돌아 버리게 한다', '미쳐 버리게 만든다' 정도가 되겠죠.

My noisy neighbors are **driving me crazy**!
시끄러운 이웃들 때문에 돌아 버리겠어!

The sound of mosquitos buzzing in my ear is **driving me insane**!
귀에서 윙윙거리는 모기 소리 때문에 정말 미치겠네!

이렇게 말한다!

MP3 1-07

Priscilla	Oh my god, his music is so loud!	P	세상에, 쟤 음악 소리 너무 큰 거 아니야?
Dylan	Yeah, I know... I can't get any work done!	D	그러니까…. 일을 할 수가 없네!
Priscilla	**He is really getting on my nerves!**	P	쟤 정말 슬슬 신경질 나게 해!
Dylan	I'll tell him to turn it down.	D	내가 볼륨 좀 줄이라고 할게.

Lesson 08
걔한테 홀딱 반했어.
I have a crush on her.

like로는 왠지 좋아한다는 의미가 좀 약한 것 같죠? 아주 많이 좋아한다고 할 때는 어떻게 말할까요?

I think I've got a crush on her.

I knew it!

crush를 사전에서 찾아보면 '눌러 부수다', '으스러트리다'라는 무시무시한 뜻이 나오는데, 뭔가에 '반하다'라는 뜻도 가지고 있습니다. crush on 뒤에 좋아하는 대상을 쓰면 '~에게 홀딱 반하다'라는 뜻이 되죠.

- **ex** I **have a crush on** her. 나 그녀에게 홀딱 반했어.
- **ex** I know you are secretly **crushing on** her.
  나는 네가 그 여자를 몰래 좋아하고 있다는 걸 다 알고 있어.

이것이 포인트!

I have a crush on her로 좋아하는 감정을 표현하거나 짝사랑을 고백할 수 있습니다. '당신 때문에 내 심장이 고장 났어'와 같은 시적인 느낌이 드는 표현이죠. 'crush on+대상'의 형태로 쓴다는 것에 주의하세요.

I have a **crush on** you. 나 너한테 반했어.
　　　　　+대상

누군가에게 호감이 있다거나 뭔가에 관심이 있다고 말할 때는 interest라는 단어를 사용해서 표현합니다. 'be interest in+대상'의 형태로 쓰죠.

I **am interested in** him. 나 그 사람한테 관심 있어.
Are you **interested in** jazz? 재즈에 관심 있으세요?

> 짝사랑에 관한 단어도 같이 알아두세요.
>
> puppy love
> 순수한 첫사랑
>
> secret admirer
> 남몰래 좋아하는 사람
> (스토커와는 다른 느낌)

이렇게 말한다!

MP3 1-08

Michelle	Why don't you invite your friend, Stanley, out with us?
Bernie	**You have a crush on him**, don't you?
Michelle	No, but I think he is interesting.
Bernie	Sure.

M 네 친구 스탠리도 불러서 같이 놀자고 하자.
B 너 걔한테 관심 있구나, 그렇지?
M 아니야, 그냥 재미있는 사람 같아서.
B (비꼬듯) 그러셔?

Lesson 09

걔 누구 만나는 사람 있어?
Is she seeing someone?

'썸을 탄다'는 말은 영어로 어떻게 표현할까요?

Is she seeing someone?은 관심 있는 상대방에게 혹시 연애를 전제로 만나고 있는 사람이 있는지를 묻는 표현입니다. 소위 '썸 타는' 사람이 있는지를 물어보는 말이죠.

- ex Is she **seeing someone**? 걔 누구 만나는 사람 있어?
- ex She's been **seeing Stanley** for a while. 쟤 요즘 스탠리랑 만나고 있어.

이것이 포인트!

see가 '보다'라는 뜻의 동사라는 건 모두 아실 것입니다. 이것을 is seeing의 **진행형으로 쓰면 '보고 있다', 즉 '자주 보고 만나는 사이', '남녀 관계가 진행 중'임을 나타냅니다.** 외국에서는 꾸준하게 데이트를 하다가 자연스럽게 사귀는 사이로 발전하는 경우가 많기 때문에 생긴 표현입니다.

I'm not seeing anyone now. 저는 지금 만나는 사람이 없어요.
Are you seeing someone? 만나는 사람 있어요?

데이트와 관련된 단어
- **friend zoned** (상대방이) 친구 사이로 선을 긋다
- **ask out** 데이트 신청하다
- **going out** 데이트를 수락한, 만나고 있는 중인
- **in a relationship** 사귀고 있는 중인

이렇게 말한다!

🎧 MP3 1-09

Daniel	**Is Julie seeing someone?**	D 줄리 만나는 사람 있어?
Ellie	No, not that I know of.	E 아니, 내가 알고 있는 바로는 없어.
Daniel	I want to ask her out.	D 데이트 신청하고 싶은데.
Ellie	She is still getting over her break up, though.	E 걔 전 남자친구와 헤어진 지 얼마 안 돼서 아직 힘들어 하고 있는데.

Lesson 10

우리끼리 하는 말인데...
This is just between us.

'우리끼리 하는 말인데…' 하고 비밀 얘기를 할 때 영어로는 뭐라고 할까요?

'이건 우리끼리 하는 말인데…', '이건 우리끼리만 알자'는 This is between us 라고 합니다. 딱 우리끼리만 하는 비밀스러운 얘기임을 강조할 때는 This is just between us라고 하죠. 여기서 between은 '~ 사이'라는 뜻으로 친밀감을 나타냅니다.

ex This is just **between** us. 우리끼리 하는 말인데… / 우리끼리만 알고 있자.

ex Can you keep this **between** us? 우리 사이의 일로 비밀 지켜 줄 수 있지?

이것이 포인트!

'비밀 얘기'라고 할 때 어른들은 secret이라는 단어를 잘 안 씁니다. 대신 **This is between us**(우리끼리 하는 말인데…)나 **Keep it to yourself**(너만 알고 있어)와 같이 말하는 게 보통입니다.

> Don't let it out. **Keep it to yourself.**
> 그것에 대해서 말하지 마. 비밀로 해야 해.

비밀과 관련된 단어
- **discreet** 신중한, 조심스러운
- **confidential documents** 기밀 서류
- **public information** 공개적인 정보
- **private information** 비공개적인 정보
- **confess** 비밀을 털어놓다
- **share** (비밀 등을) 공유하다
- **The cat's out of the bag.** 비밀이 누설되다.

이렇게 말한다!

MP3 1-10

Barbara	Hey Jake, **this is just between us...**	B 제이크, 이거 비밀인데….
Jake	Yeah, what is it?	J 응, 뭔데?
Barbara	I've got a job offer.	B 나 다른 데서 스카웃 제의를 받았어.
Jake	Really? When? Where? What happened?!	J 진짜? 언제? 어디서? 대체 무슨 일이야?!
Barbara	Please keep it to yourself. I haven't made up my mind yet.	B 너만 알고 있어. 나 아직 마음을 못 정했단 말이야.

Lesson 11
내가 약속할게.
You've got my word.

'약속할게', '나만 믿어'와 같은 말은 어떻게 말할까요?

'약속할게'라고 말할 때는 '약속하다'라는 의미의 동사 promise를 쓰기보다 You've got my word(내 말에 책임질게)와 같이 표현하는 것이 일반적입니다. keep one's word는 '책임을 지다'라는 뜻의 관용구입니다.

- ex Don't worry. **You've got my word.** 걱정하지 마. 약속할게.
- ex A real man always **keeps his word.**
  진정한 남자는 항상 자신의 말에 책임을 진다.

이것이 포인트!

'믿다'라는 뜻의 단어로 believe와 trust를 알고 계실 것입니다. 둘 다 우리말로는 '믿다'라고 번역되지만, 의미 차이가 있으니 구분해서 알아두셔야 합니다.

- **believe** '신앙, 종교 등에 대한 믿음'을 나타낼 때
  I believe in Christianity. 나는 기독교를 믿는다.

- **trust** '신임이 가는 사람'을 나타낼 때
  I trust him. 나는 그를 믿는다.

비슷한 형태의 표현으로 I've got your back이 있습니다. 이는 '내가 너의 등이나 뒤를 봐 주겠다', 즉 '내가 뒤에서 힘을 실어 주겠다'는 의미이니 You've got my word와 구분해서 알아두셔야 합니다.

이렇게 말한다!

🎧 MP3 1-11

Kyle	What are you doing?	K 지금 뭐 하는 거야?
Dominic	I'm planning surprise birthday party for Cynthia. Can you keep this to yourself? I want to surprise Cynthia.	D 신시아를 위한 서프라이즈 생일 파티를 계획 중이야. 비밀로 해 줄 수 있어? 신시아를 놀래켜 주고 싶어서.
Kyle	**You've got my word**, friend.	K 약속할게.
Dominic	Thanks.	D 고마워.

Culture Talk

첫인상을 위한 에티켓

영어 수업 첫 시간에는 보통 자기소개를 합니다. 이렇게 첫 만남의 자리에서 나누는 대화를 small talk라고 하는데, 한국에서는 보통 이름이나 나이, 사는 곳, 직업, 결혼 여부 등을 물어보죠. 처음 만난 사람에게 관심을 가지고 궁금한 것들을 물어보는 것이 우리에겐 당연하게 느껴지지만, 외국인들에게는 이런 small talk가 상당히 실례가 될 수 있습니다.

주의해야 할 small talk의 bad question 예들을 살펴보겠습니다.

Bad Question # 1
How old are you? 나이가 어떻게 되시죠?

'나이가 어때서?'라고 생각할 수 있겠지만, 외국에서는 법적으로 채용 시 나이를 기재하도록 요구할 수 없고 나이 제한을 두고 채용에 차별을 할 수도 없을 만큼 나이는 조심스러운 질문입니다.

Bad Question # 2
Where do you live? 어디 사세요?

이 질문도 꽤나 직설적인 뉘앙스를 가지고 있습니다. 스토커로 오해를 살 수도 있기 때문입니다. 어디 사는지가 궁금하다면 Do you live far? 또는 Do you live near the school?과 같이 돌려 물어보는 게 바람직합니다.

Bad Question # 3
Are you married? 결혼하셨어요?
Do you have boyfriend/girlfriend? 남자친구/여자친구 있으세요?

처음 만난 사람에게 이런 질문은 하지 않는 게 좋습니다. 의도적으로 접근하거나 남의 사생활에 대해 파고드는 것처럼 부담스럽게 느껴질 수 있기 때문입니다.

Bad Question # 4
What is your blood type? 혈액형이 어떻게 되세요?

가장 재미있는 bad question은 이것이 아닐까 싶습니다. 외국에서는 아주 특수한 케이스(군인, 지병 환자)가 아니면 자기의 혈액형을 모르기 때문입니다.

규칙이라기보다는 실례가 될 수 있는 실수를 하지 말자는 취지로 엮어 보았습니다. 가장 중요한 건, 언제 어디서 누굴 만나든 새로운 사람과의 만남 자체를 즐기는 것이 중요한 게 아닐까요?

Chapter 2

Social Life

Lesson 01

6시쯤 만날래?
Can we meet 6-ish?

'몇 시쯤'이라고 대략적인 시간을 말할 때는 뭐라고 하면 좋을까요?

'~시쯤'이라고 할 때는 접미사 -ish를 붙여 표현합니다. -ish는 '대충', '어림잡아'라는 뜻 외에도 '어떤 특성을 가진', '어떤 특성에 소속된'이라는 의미로 쓰이기도 합니다. 구어체에서는 흔히 사용하는 접미사이나, 공식적인 문서나 작문에서는 쓰지 않도록 주의하셔야 합니다.

- ex **Can we meet around 6ish?** 6시쯤 만날까요?
- ex **She has a very girlish voice.**
  그녀는 굉장히 여자아이 같은 목소리를 가지고 있다.

이것이 포인트!

-ish 외에 대략적인 시간을 나타내는 표현들을 알아봅시다.

about
It's **about** 10 to 8. 8시 되기 약 10분 전이야.
It costs **about** 20 dollars. 그것은 약 20달러이다.

around
I arrived there **around** 5 o'clock.
나는 그곳에 약 5시쯤에 도착했다.
The book store is **around** here somewhere.
서점이 여기 근처 어디에 있는데.

approximately
It took **approximately** 2 hours.
그것은 약 2시간 가까이 걸렸다.
It's **approximately** 40 minutes away.
대충 한 40분 거리야.

이렇게 말한다!

MP3 2-01

Bernie	Do you want to grab lunch tomorrow?	B 내일 점심 먹을래?
Michelle	Sure. I have a class until 1, though.	M 그래. 나 근데 1시까지 수업 있는데.
Bernie	**Why don't we meet around 2ish then?**	B 그럼 한 2시쯤 만날까?
Michelle	Okay. Sounds good.	M 그래. 그럼 되겠다.

Lesson 02

걘 항상 늦는다니까.
He's never on time.

'지각하다', '늦게오다'를 영어로 어떻게 표현할까요?

약속 시간에 늦거나 지각을 하는 경우에는 be late 또는 never on time을 써서 표현합니다. on time은 '정시에'라는 뜻인데, never on time이니 정반대의 의미가 되겠죠. 비슷한 형태인 in time은 '~ 기간 안에', '정해진 시간 안에'라는 의미이니 구분해서 알아두세요.

- ex The bus never arrives **on time**. 그 버스는 정시에 도착하는 법이 없다.
- ex The gift arrived just **in time** for his birthday.
  그의 생일에 맞춰 선물이 도착했다.

이것이 포인트!

영어에서 전치사는 말 한마디에 따라 아 다르고 어 다를 수 있다는 것을 보여주는 대표적인 예입니다. on time(정시에)처럼 전치사 on을 사용해 시간을 나타내는 표현들을 알아보겠습니다.

📁 시간을 어기지 않고, 정각에

I have to finish the project **on time**.
나는 그 프로젝트를 제시간에 끝내야 한다.

📁 진행 중(-ing)

I'm **on my way**. 나 지금 가고 있어.
He is **on vacation**. 그는 지금 휴가 중이다.

📁 방송 중, 통화 중

What is **on TV** at 2 o'clock? 2시에 TV에서 무슨 프로그램 해?
What is the song that's playing **on the radio**?
지금 라디오에서 나오는 노래가 뭐지?
I'm **on the phone** right now. 나 지금 통화 중이야.

이렇게 말한다!

🎧 MP3 2-02

Daniel	What time is it?	D 지금 몇 시야?
Jenny	It's seven ten.	J 7시 10분.
Daniel	She is late again. It's so frustrating how **she is never on time**.	D 얘는 또 늦네. 얘 항상 시간 못 맞추는 거 짜증 난다.
Jenny	It is. Let me call her and see where she is.	J 그러니까. 내가 전화해서 어딘지 알아볼게.

Lesson 03
사무실에 잠깐 들를게.
I'll drop by your office.

'잠깐 들를게'는 영어로 뭐라고 할까요?

I'll drop by your office later.

Sure. See you then.

동사 drop을 '떨어뜨리다'라는 뜻으로만 알고 계신가요? drop by 뒤에 장소를 나타내는 표현이 오면 '~에 들르다'라는 뜻이 됩니다. 일상 회화에서 자주 쓰이는 표현이니 잘 기억해 두세요.

- ex) I want to **drop by** your office next week. 다음 주에 너희 사무실에 들르고 싶어.
- ex) I can **drop by** your house on Monday. 월요일에 너희 집에 들를 수 있을 것 같아.

이것이 포인트!

'~에 들르다(drop by)'처럼 '~를 데려다주다(drop off)'도 동사 drop을 써서 표현합니다. '데려다주다'와 함께 '~를 데리러 가다(pick up)'도 알아둡시다.

📁 **drop off** ~를 두고 오다, ~를 데려다주다

I want to **drop off** my bag in the office.
나 사무실에 가방 좀 두고 오고 싶어.

I will **drop** you **off** at the office.   내가 사무실에 데려다줄게.

📁 **pick up** ~를 들다, ~를 데리러 가다

I'll **pick up** your coat from the dry cleaner later.
내가 나중에 세탁소에 맡긴 네 코트를 찾으러 갈게.

I'll come **pick** you **up** after school.
내가 너 학교 끝나고 데리러 갈게.

이렇게 말한다!

🎧 MP3 2-03

Michelle Hey Kyle, can you **drop me off** at the hair salon?

Kyle Sure. When will you be done?

Michelle Around 3ish? Why?

Kyle I think I can probably come and **pick you up**.

Michelle You are the best!

M 카일, 나 헤어숍에 데려다 줄 수 있어?
K 물론이지. 언제 끝날 것 같아?
M 한 3시쯤? 왜?
K 내가 데리러 갈 수도 있을 거 같아서.
M 네가 최고야!

Lesson 04

나 약속 있어.
I have a plan.

'나 내일 약속 있어'를 I have a promise tomorrow라고 하진 않으셨나요?

promise라는 단어는 I promise not to tell anyone(아무에게도 말하지 않겠다고 약속할게)과 같이 뭔가를 약속할 때 씁니다. '저녁 약속' 등과 같은 계획에 대해 말할 때는 promise를 쓰지 않고 plan이란 단어를 사용하니 꼭 구분하여 알아두셔야 합니다. '병원 진료 예약'이나 '식당 예약'은 다음과 같이 표현한다는 것도 같이 알아두세요.

- ex doctor's **appointment** 의사/병원 진료 예약
- ex restaurant **reservation** 레스토랑 예약

이것이 포인트!

친구와 만날 약속을 한 경우 '만나서 놀다'를 영어로 뭐라고 할까요? '놀다'를 한국말 그대로 play라고 번역하여 I play with my friends라고 하면, 문법적으로 틀린 건 아니지만 굉장히 유아스러운 표현이 됩니다. 이때는 play보다 hang out이나 meet, spend time을 사용하여 표현하는 것이 자연스럽습니다.

I usually **hang out** with my friends on Fridays.
보통 금요일은 친구들이랑 놀아.

I **met** my friend, John for a drink last night.
나 어제 존 만나서 술 한잔했어.

I prefer to **spend time** with my family on Sundays.
나는 일요일엔 가족들과 함께 시간을 보내는 걸 좋아해.

play를 쓰면 '사람의 마음을 가지고 논다'는 뜻이 되기도 하므로 주의가 필요합니다.

Stop **playing** with his heart. 그의 마음을 그만 가지고 놀아.

이렇게 말한다!

🎧 MP3 2-04

Gian	Do you want to watch a movie tomorrow?
Jake	Tomorrow is Friday, right? Sorry, **I have dinner plans.** Let's go now.
Gian	I have an appointment with my dentist in 30 minutes.

G 내일 영화 보러 갈래?
J 내일이 금요일인가? 미안, 나 저녁 약속 있어. 지금 보러 가자.
G 나 30분 후에 치과 예약이 잡혀 있어.

Lesson 05

걔한테 바람맞았어!
She stood me up!

'바람맞았다'는 영어로 어떻게 말할까요?

'A에게 바람 맞았다'는 A stood me up이라고 표현합니다. 바람맞고 덩그러니 서 있는 사람의 모습을 떠올리면 이해하기 쉬울 것입니다.

- ex) She **stood me up**. 그 여자가 날 바람맞혔어.
- ex) He **stood her up** and she never forgave him.
  그는 그녀를 바람맞혔고 그녀는 그를 절대 용서하지 않았다.

이것이 포인트!

비슷한 의미의 표현으로 blow ~ off, never show up 등이 있습니다.

📁 **blow ~ off** '(바람이) 불다'라는 뜻의 동사 blow가 들어 있으니 의미를 연상하기 쉽겠죠?
He **blew me off**. 그는 나를 바람맞혔다.

📁 **never show up** '약속에 나오지 않았다'는 의미
She **never showed up**. 그녀는 결국 나타나지 않았다.
How many people **showed up** to the party last night?
어젯밤 파티에 몇 명이나 왔어?

이렇게 말한다!

🎧 MP3 2-05

Clare	Hey Jason, how was your date?	C 제이슨, 데이트는 어땠어?
Jason	I don't want to talk about it.	J 별로 얘기하고 싶지 않아.
Clare	What happened?	C 아니 왜?
Jason	Well... **She stood me up**...	J 그게… 나 바람맞았어….
Clare	Oh my god! Did she ever call to explain herself?	C 맙소사! 걔가 너한테 연락해서 해명이라도 했어?
Jason	No... She didn't.	J 아니… 연락 안 왔어.
Clare	You know what, forget about her. She has absolutely no manners.	C 야, 그런 여자는 잊어버려. 정말 사람이 매너가 없다.

Lesson 06
빨리 참석 여부를 알려 주세요!
RSVP! ASAP!

초대장에 RSVP와 ASAP라고 적혀 있는데, 무슨 뜻인지 모르겠다고요?

RSVP는 Répondez s'il vous plaît라는 프랑스 어에서 온 표현으로, '답장[회신]을 부탁합니다'라는 뜻입니다. ASAP는 as soon as possible(최대한 빨리)을 줄인 약어이죠. 이 두 표현을 합친 RSVP ASAP는 초대장에 등장하는 단골 멘트입니다.

> ex) The Thanksgiving dinner is next Thursday.
> You must **RSVP** by Friday this week.
> 추수감사절 저녁 식사는 다음 주 목요일입니다. 이번 주 금요일까지 참석 여부를 알려 주세요.

이것이 포인트!

초대장에서 흔히 볼 수 있는 또 다른 표현으로 BYOB가 있습니다. BYOB는 Bring Your Own Beverage의 약어로, 자기가 마실 음료(주로 술)는 각자 가지고 오라는 뜻입니다.

> Game night will be at Jay's place this weekend. We will order pizza but please **BYOB**.
> 게임 나잇(모여서 게임을 하는 날)은 이번 주말에 제이의 집에서 열립니다. 피자는 주문을 할 거지만 자기가 마실 술은 자기가 알아서 챙겨 오세요.

파티에 자주 사용되는 단어
- **potluck** 초대받은 손님들이 먹을 음식을 나누어 준비해 오는 것
- **black tie event** 격식 있는 이벤트로 옷을 갖추어 입어야 하는 파티
- **house warming** 집들이
- **bachelor/bachelorette party** (결혼 전) 총각/처녀 파티

이렇게 말한다!

🎧 MP3 2-06

We are hosting a fundraiser for the school's new library. Please come and enjoy a great night of food, games and performances by the school's drama club! Seats are limited! **RSVP** by Dec 13th. For a group reservation, call us **ASAP** so you can ensure a table for your group!

저희는 학교의 새로운 도서관을 위한 모금 행사를 개최합니다. 오셔서 음식과 게임 그리고 교내 드라마 클럽의 공연을 즐기세요! 자리가 협소합니다! 12월 13일까지 참석 여부를 알려 주시기 바랍니다. 단체 테이블 예약은 최대한 빨리 전화로 연락을 주시면 도와드리겠습니다!

Lesson 07

내가 쏠게.
This is my treat.

기왕 사는 거 '내가 쏠게', '한턱낼게'라고 폼나게 영어로 말해 보세요.

'한턱내다'라고 할 때 '사다'라는 뜻의 동사 buy를 써서 I'll buy라고 하면 좀 어색합니다. 이때는 This is my treat이라고 하거나 줄여서 My treat!이라고 합니다. treat은 여러 가지 뜻을 가지고 있는데, 여기서는 '대접하다'의 뜻으로 쓰인 것입니다.

- ex This is my **treat**. 이건 제가 대접할게요.
- ex Please **treat** yourself to something nice. 내가 사 줄게. 마음에 드는 거 골라 봐.

이것이 포인트!

'한턱내다'라는 뜻으로 많이 쓰이는 표현이 하나 더 있습니다. It's on me도 정말 많이 쓰는 표현 중에 하나이니 This is my treat과 함께 기억해 두세요.

Dinner's on me today. What do you want?
오늘 저녁은 내가 살게요. 뭐 먹고 싶어요?

반대로 비용을 각자 부담하는 '더치페이'는 '나눠서 내다'라는 뜻의 동사 spilt를 써서 표현합니다.

Can we split the bill please?
계산서 좀 (각자 먹은 것으로) 나눠서 주시겠어요?

돈을 모아서 친구 선물을 사는 경우 '조금씩 나눠서 부담하다'는 chip in을 써서 표현합니다.

Why don't we all chip in? 우리가 돈을 모아서 사는 건 어때요?

이렇게 말한다!

🎧 MP3 2-07

Gian	Wow, we had a lot of food.	G 와, 우리 오늘 정말 많이 먹었네요.
Bernie	How are we going to split the bill?	B 우리 계산 어떻게 나눠서 하지?
Cynthia	We don't have to. **It's on me!**	C 나눌 필요 없어요. 오늘은 내가 살게요!
All	Thank you, Boss!	All 사장님, 감사합니다!
Gian	We should all take you out and treat you to something really nice!	G 우리가 한번 모시고 나가서 대접해야겠네요!
Bernie	To celebrate your birthday!	B 생일 축하 기념으로!

Lesson 08
돈 좀 빌려 줄래?
Can you lend me some money?

돈을 빌려 달라고 말할 때 borrow를 쓸지 lend를 쓸지 헷갈리나요?

borrow는 '내가 빌리는' 것, lend는 '내가 빌려 주는' 것입니다. '돈 좀 빌려 줘' 라고 말할 때는 Can I borrow some money?라고 하거나 Can you lend me some money?라고 합니다. 둘 다 같은 의미입니다.

- ex Can I **borrow** some money? 돈 좀 빌릴 수 있을까요?
- ex Can you **lend** me some money? 돈 좀 빌려 줄 수 있으세요?

이것이 포인트!

borrow와 lend처럼 헷갈리기 쉬운 표현을 하나 더 알아볼까요? rent와 lease는 임대와 관련된 표현입니다. rent는 돈을 주고 빌리는 것을 말하고, lease는 자동차 장기 렌트나 상가 임대 등을 표현할 때 씁니다.

📁 **rent** 돈을 주고 빌리는 것
  car **rental** 자동차 렌탈
  monthly **rent** 월세

📁 **lease** 자동차 장기 렌트, 상가 임대
  car **lease** 자동차 리스
  commercial space for **lease** 상업적 목적의 공간 임대

> lease는 상업적인 건물의 임대료에 쓰며, 거주 목적의 집 월세는 lease라고 하지 않습니다.

이렇게 말한다!

🎧 MP3 2-08

Troy	Hey Kyle, **can you lend me some money?**	T 카일, 나 돈 좀 빌려 줄 수 있어?
Kyle	Uhm... how much do you need?	K 음… 얼마나 필요해?
Troy	About $200. I want to buy a new guitar for my girlfriend.	T 한 200 달러. 여자친구에게 새 기타를 사 주고 싶거든.
Kyle	Okay, how soon can you pay me back?	K 그럼 얼마나 빨리 갚을 수 있어?
Troy	As soon as we get paid on the 15th.	T 15일 날 월급 들어오자마자.

Chapter 2 Social Life · 59

Lesson 09

편안히 있어.
Make yourself at home.

집에 놀러 온 친구에게 '편안하게 있어'라고 말할 때 어떻게 할까요?

Make yourself at home이라고 하면 '너희 집처럼 편하게 있어'라는 뜻이 됩니다. '편안히 있어'라고 말할 때 '편안한'이라는 뜻의 형용사 comfortable을 써서 Make yourself comfortable이라고 할 수도 있지만, Make yourself at home이 더 일반적인 표현입니다.

- ex Please **make yourself at home**. 편히 있어.
- ex Take off your shoes and **make yourself at home**. 신발 벗고 편히 있어.

이것이 포인트!

친구를 집에 초대했을 때 또 어떤 말을 할 수 있을까요?

📁 **Help yourself.** 준비된 음료와 음식을 편히 즐기세요.
Help yourself to some coffee and snacks on the table.
테이블 위의 커피와 스낵을 편안하게 즐기세요.

📁 **Have a seat. / Take a seat.** 편히 앉으세요.
Have a seat and make yourself at home.
앉아서 편히 계세요.

> Please be seated.라고 하지 않도록 주의하세요. 이 말은 비행기와 같은 공공장소에서 불특정 다수에게 앉으라고 할 때 쓰는 말입니다.

이렇게 말한다!

🎧 MP3 2-09

Michelle	Hi Grace. Thank you for inviting me over.	M 그레이스, 안녕하세요. 초대해 주셔서 감사해요.
Grace	My pleasure. The dinner is almost ready.	G 별말씀을요. 저녁 준비 거의 다 되어 가요.
Michelle	Oh, can I help you with anything?	M 제가 뭐 도와드릴 건 없을까요?
Grace	No no no, **please make yourself at home**. There is a jar of sangria on the middle table. **Please help yourself.**	G 아니에요. 그냥 내 집이다 생각하고 편히 있어요. 가운데 테이블에 상그리아가 있으니 편히 즐기세요.
Michelle	Great. Thank you.	M 멋지네요. 감사합니다.

Lesson 10
내가 뭘 놓쳤더라?
What did I miss?

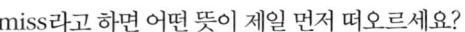

miss라고 하면 어떤 뜻이 제일 먼저 떠오르세요?

miss는 다양한 뜻을 가지고 있는 단어 중에 하나입니다. Miss Kim에서의 miss는 미혼 여성을 부를 때 붙이는 호칭이고, I miss you에서의 miss는 '그립다', '보고 싶다'의 의미입니다. 또한 뭔가를 놓치거나 빠트렸을 때도 miss를 써서 표현할 수 있습니다.

- ex **I missed** the bus this morning! 나 오늘 아침에 버스를 놓쳤어!
- ex My bag is **missing**, have you seen it? 내 가방이 없어졌는데, 본 적 있어?
- ex **I missed** my classes this morning. 나 아침 수업들 다 빠졌어.

이것이 포인트!

miss의 다양한 의미 중 자주 사용되는 것들을 알아보겠습니다.

'놓치다'의 의미

I **missed** my favorite show on TV last night.
어젯밤에 내가 제일 좋아하는 TV 프로그램을 놓쳤어.

'잃어버리다'의 의미

I'm **missing** the second page of the handout.
배포된 유인물의 두 번째 장을 잃어버렸어요.

'빠지다'의 의미

She **missed** more than four classes this session.
그녀는 이번 학기에 4번 이상 수업에 빠졌다.

이렇게 말한다!

🎧 MP3 2-10

Edward	Hey Greg, did you watch, *The House of Cards*, last night?	E 그레그, 어제 House of Cards(미국 드라마) 봤어?
Greg	No, **I missed it.** I went to the ball game yesterday.	G 아니, 못 봤어. 어제야구 경기 보러 갔다 와서.
Edward	Is that why you didn't come to the class too?	E 그래서 어제 수업도 안 온 거야?
Greg	Yeah. It was my girlfriend's birthday and she really wanted to go to the Yankees' game.	G 응. 어제가 여자친구 생일이었는데, 여자친구가 (뉴욕) 양키스 경기를 보고 싶다고 해서.

Lesson 11

넌 대체 누구 편이야?
Whose side are you on?

'네 편', '내 편' 할 때 '~의 편'은 영어로 뭐라고 할까요?

'~ 편'은 side를 써서 표현합니다. '난 당신 편이야'는 I'm on your side라고 하죠.

> **ex** Whose **side** are you on? 넌 대체 누구 편이니?
> I'm always on the winner's **side**. 난 항상 승자의 편이야.

이것이 포인트!

아주 가까운 사이라면 side(~ 편) 대신 back(뒤, 등)을 써서 I've got your back(내가 당신 뒤를 봐 줄게) 또는 I'll back you up(당신의 뒤를 지지할게요)이라고 말할 수 있습니다.

Don't worry about taking off early. I've got your back.
조금 일찍 퇴근하는 것에 대해 걱정하지 마. 내가 봐 줄게.

이렇게 말한다!

🎧 MP3 2-11

Gary	My girlfriend is driving me insane!	G 여자친구 때문에 미치겠어!
Steve	Why?	S 왜?
Gary	She thinks I should spend all my time with her.	G 내 시간을 다 그녀와 보내길 원해.
Steve	Really? She seemed quite independent.	S 정말? 네 여자친구 꽤나 독립적으로 보이던데.
Gary	**Whose side are you on?**	G 넌 대체 누구 편이야?
Steve	Of course yours. Have you tried talking to her about it?	S 당연히 네 편이지. 여자친구랑 대화는 해 봤어?
Gary	Talking? That's the last thing I want to do with her.	G 대화? 난 걔랑 대화하는 게 제일 싫어.

Lesson 12
솔직히 대답해 줘.
I want a straight answer.

'단도직입적'이라는 표현은 영어로 어떻게 할까요?

straight는 '똑바른', '곧장', '꾸밈 없이', '솔직한' 등의 의미를 가지고 있습니다. '빙빙 돌리지 않고 똑바로 말하다'는 be straight라고 하고, '솔직한 대답'은 straight answer라고 합니다.

- ex **Be straight** with me. 나한테 솔직하게 말해 줘.
- ex Stop playing around and tell me a **straight answer**.
  그만 장난치고 똑바로 말해 봐.

이것이 포인트!

straight의 쓰임을 좀 더 살펴볼까요?

📁 **go straight** 직진하다(방향)
   Go straight at the intersection. 교차로에서 직진하세요.

📁 **straightforward** 간단한, 솔직한
   The instruction is **straightforward**. It's very easy to understand.
   설명서가 간단하고 매우 이해하기 쉽다.

솔직한 사람을 묘사하는 단어
- **frank** 노골적으로 솔직한
- **honest** 솔직한
- **sincere** 진실된
- **reliable** 믿을 만한
- **trustworthy** 신뢰할 수 있는

이렇게 말한다!

🎧 MP3 2-12

Bobby	You shouldn't give him false hope like that.	B 너 걔한테 그렇게 희망 고문하면 안 돼.
Gloria	Like what?	G 내가 뭘?
Bobby	Do you like him?	B 너 걔 좋아해?
Gloria	**Do you want a straight answer?**	G 솔직한 대답을 듣고 싶어?
Bobby	Sure.	B 응.
Gloria	No, but that's because I don't want to lose him as a friend.	G 아니, 하지만 그건 걔를 친구로서 잃고 싶지 않기 때문이야.

Study & Work

Lesson 01
아직 학교에 다녀.
I'm still in school.

'나 학교 다녀'는 I am in school이라고 할까요, I am at school이라고 할까요?

장소를 나타내는 명사 앞에 전치사 in을 쓰면 일정 기간 그 장소에 머물고 있음을 나타냅니다. in school은 '재학 중', in hospital은 '입원 중'이라는 뜻이죠. '나 학교에 다녀', '재학 중이야'라고 할 때는 I am in school이라고 하면 됩니다.

- ex **I am a freshman in school.** 나는 신입생이다.
- ex **I'm back in school** doing my master's.
  나는 다시 학교 다니면서 석사과정 중이야.

🖱 이것이 포인트!

그럼 왜 I am at school은 안 될까요? 전치사 at은 '지금 이 순간'을 나타냅니다. 지금 몇 시인지, 지금 내가 어디에 있는지를 말할 때 at을 써서 표현하죠. 따라서 I am at school이라고 하면 '지금 내가 학교에 있다'는 뜻이 됩니다.

> What do you do? 라고 물어보면 I am in school.이라고 답하고, Where are you? 라고 물어보면 I am at school.이라고 답합니다.

I am **at** the post office.   나 지금 우체국에 있어.
The bank opens **at** 9 A.M.   은행은 오전 9시에 열어.

직업을 말하며 '~에서 일한다'라고 할 때는 'work at + 장소' 또는 'work for + 회사명'으로 표현합니다.

I am **at** work.   나 지금 일하는 중이야.
I work **at** a bank.   나 은행에서 일해.
I work **for** Yonsei.   나 연세대에서 일해.

📢 이렇게 말한다!

🎧 MP3 3-01

Cindy	Hey John, what do you do now?	C 존, 요즘 무슨 일 해?
John	Oh, **I'm back in school.**	J 나 다시 학교 다녀.
Cindy	Really? What do you study?	C 정말? 뭐 공부하는데?
John	I'm doing my master's in physics.	J 나 물리학 석사 과정 중이야.
Cindy	Great. I was at school last week to see Dr. Rhee.	C 멋지다. 나도 지난주에 이 교수님 뵙느라 학교에 있었는데.

Chapter 3 **Study & Work** · 71

Lesson 02
졸업할 거야.
I am going to graduate.

미래 시제 표현은 동사 앞에 will만 붙이면 될까요?

will 말고도 be going to를 써서 미래 시제를 표현할 수 있습니다. 계획하고 있거나 결정되어서 분명히 미래에 일어날 일에 대해 말할 때 be going to를 쓰죠.

- **ex** **I am going to start my Master's program in September.**
  나 9월에 석사 학위 과정 시작해.
  → 학사 일정 상 9월에 석사 과정을 시작하는 것이 분명하여 be going to 사용
- **ex** **It's already 8:45! I am going to be late!**
  벌써 8시 45분이야! 나 지각하겠다!
  → 지금 시간으로 미루어볼 때 지각임이 분명하여 be going to 사용

이것이 포인트!

그럼 will은 언제 사용할까요? will은 내가 의지는 있지만 아직 계획이 세워져 있지 않거나 결정되지 않아 다소 불확실한 미래를 나타낼 때 씁니다. '나의 의지'와 관련이 있으므로 I think I'll probably... 형태로도 자주 사용되죠.

> I **will** be home tonight. 나 오늘 밤에 집에 있을 거야.
> I think I'll **probably** go home first.
> 나 일단은 집에 먼저 갈 것 같아.
> I don't think it **will** rain tomorrow
> (내 생각엔) 내일 비가 올 것 같진 않은데.

문장에 will이 쓰였다고 해서 꼭 미래의 일을 나타내는 것은 아닙니다. 미래 시제가 아니라, 무언가를 해 주겠다는 의지를 표현할 때도 will을 쓸 수 있기 때문입니다.

> I **will** help you with your homework.
> 내가 숙제하는 거 도와줄게.

이렇게 말한다!

🎧 MP3 3-02

Jake   Hey Michelle, can I drop by your office next week?

Michelle   Oh, **I am going to** be in Hong Kong next week.

Jake   Really? What's the occasion?

Michelle   My friend is getting married and I am the maid of honor.

Jake   Well then, enjoy!

J 미셸, 내가 다음 주에 사무실에 들러도 될까?
M 아, 나 다음 주엔 홍콩에 있을 거야.
J 진짜? 무슨 일 있어?
M 내 친구가 결혼을 하는데 내가 들러리라서.
J 그럼, 즐기다 와!

Lesson 03

버스로 통근해.
I go to work by bus.

'버스를 타고' 출근한다고 할 때 어떤 전치사를 써서 표현할까요?

How do you get to work?

I go to work by bus.

'나 버스 타고 출근해'는 I go to work by bus라고 합니다. 전치사 by를 쓰면 교통수단을 표현할 수 있습니다. by bus는 '버스로', by car는 '차로', by subway는 '지하철로'라는 의미가 되죠.

- ex I go to work **by bus**. 저는 버스 타고 통근해요.
- ex I go to work **by subway**. 저는 지하철 타고 회사 다녀요.

이것이 포인트!

전치사 by를 사용해서 교통수단을 얘기할 때 주의해야 할 점은 by walking이나 by riding처럼 by가 동사와 함께 사용되진 않는다는 것입니다. 이때는 I drive to work나 I take the subway to work처럼 표현해야 합니다.

I go to work **by riding**. (X)
I **ride a bike to** work. (O)   저는 자전거를 타고 통근합니다.

교통수단은 전치사 by를 사용해 표현했지만 '걸어간다'는 표현은 어떻게 할까요? 걸을 때 사용하는 것이 신체 부위의 일부이기 때문에 by foot보다는 on foot이라는 표현을 더 많이 사용합니다.

A How far is the nearest shopping mall?
　가장 가까운 쇼핑몰이 얼마나 먼가요?
B Probably 20 minutes **on foot**.   걸어서 20분 정도 거리예요.

이렇게 말한다!

🎧 MP3 3-03

Michelle	How do you plan to get to work?	M 회사엔 어떻게 출퇴근 할 생각이야?
Dylan	Oh, probably **by bus.** There is a bus stop right outside of my apartment.	D 버스 타고 다닐 것 같아. 우리 집 바로 앞에 버스 정류장이 있어서.
Michelle	That's convenient.	M 편리하네.

Lesson 04

차가 막혔어.
I was stuck in traffic.

사람들이 약속 시간에 늦었을 때 가장 많이 하는 변명은 무엇일까요?

늦게 도착한 이유는 여러 가지가 있을 수 있겠지만, 가장 흔히 하는 변명은 '차가 막혀서'일 것입니다. '차가 막히다'는 영어로 stuck in traffic이라고 합니다. 차가 막혀서 옴짝달싹할 수 없는 상황을 말하죠. 이 표현은 어떤 일에 매여 움직일 수가 없다고 말할 때도 쓸 수 있습니다.

- **ex** I **was stuck in** a meeting until 3'oclock. 나 3시까지 미팅에 붙잡혀 있었어.
- **ex** He **was stuck in** the meeting all day.
  그는 어제 하루 종일 미팅에 붙잡혀 있었다.

이것이 포인트!

차가 막혔다고 할 때 bumper to bumper라는 표현도 자주 쓰입니다. 앞 차와 뒤 차의 범퍼가 닿을 정도로 차가 막혀 있어서 마치 주차장 같은 도로 상황을 말할 때 쓰죠.

약속 시간에 늦은 핑계로 '차가 막혔다'는 말 외에 이런 말도 할 수 있을 것입니다.

My bus came late. 버스가 늦게 왔습니다.
My train was delayed. 기차가 연착되었습니다.
I had to run an errand. 일을 보고 오느라 늦었습니다.
I ran into an old friend. 오래된 친구를 우연히 만나 늦었습니다.

이렇게 말한다!

MP3 3-04

Cynthia	Danny, where are you?	C 대니, 지금 어디예요?
Danny	Oh, Cynthia! I'm still on my way!	D 신시아! 저 아직 가는 중이에요.
Cynthia	What? Your presentation starts in 10 minutes!	C 뭐라고요? 10분 뒤에 프레젠테이션 시작하잖아요!
Danny	I know, but there is **bumper to bumper traffic** on the road!	D 알고 있어요. 근데 차가 막혀서 주차장이 따로 없어요!
Cynthia	Well, maybe you should get out and start running!	C 그럼 내려서 뛰어와야 할 것 같은데!

Lesson 05
시간이 부족해.
I'm running out of time.

'시간이 부족하다'는 영어로 어떻게 말할까요?

I'm running out of time!

'~이 부족하다'는 be running out of을 써서 표현합니다. '시간이 부족하다'는 I'm running out of time이라고 하면 되겠죠. 이 말을 have를 써서 표현할 경우 '시간이 없다(I don't have time)'가 되어 '부족하다'는 의미가 드러나지 않습니다.

- ex **I don't have any time** today. 나 오늘 시간이 하나도 없어.
- ex **I'm running out of time** to write my paper. 리포트를 쓸 시간이 모자라.

이것이 포인트!

be running out of는 시간 말고도 다른 resource(자원)가 부족함을 나타낼 수도 있습니다.

I'm running out of money. 돈이 다 떨어져 간다.
We **are running out of** water. 물이 다 떨어져 간다.

재미있는 것은 running은 진행형이므로 '다 떨어져 간다'는 뜻이지만, I've run out of money라고 하면 '돈이 완전히 바닥난 상태'를 나타낸다는 것입니다. run out of의 시제에 따라 의미가 달라짐을 주의해야 합니다.

I've run out of time. 시간이 모자랐다.

> 비슷한 표현으로 '조금 부족하다'라는 의미의 be short on도 알아두세요.
>
> I'm short on cash.
> 나 현금이 조금 부족해.

이렇게 말한다!

🎧 MP3 3-05

Dominic	Hey Jake, I made some chicken last night. Have some.
Jake	Do you always cook for yourself?
Dominic	No, only when **I've run out of money**.
Jake	Same here. Pay day is still far away.

D 제이크, 내가 어젯밤에 만든 닭고기 좀 먹어 봐.
J 넌 항상 음식을 직접 해 먹어?
D 아니, 돈 떨어졌을 때만.
J 나도 그래. 월급날은 아직도 한참 멀었다.

Lesson 06

마감이 언제야?
When is the deadline?

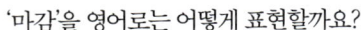

'마감'을 영어로는 어떻게 표현할까요?

'끝'이라는 뜻의 end, finish 같은 단어를 떠올리기 쉽지만, '마감'이라고 말할 때는 deadline이라는 단어를 사용합니다. deadline은 단어 속에 포함되어 있는 dead가 암시해 주듯이 '절대적으로 지켜야 할 업무의 마감일'을 나타냅니다.

- ex) The **deadline** is Friday. 마감은 금요일까지입니다.
- ex) I don't think I can meet the **deadline**. 아무래도 마감을 못 맞출 것 같아요.

이것이 포인트!

'마감'을 나타내는 또 다른 표현으로 due가 있습니다. due date라고 하면 '마감일', '차용 지불일', '출산 예정일'을 의미합니다.

Students have to pay tuition by the due date.
학생들은 등록금을 기한 내에 내야 한다.

'마감일을 맞추다'는 동사 meet을 써서 meet a deadline이라고 합니다.

I worked late to meet a deadline.
마감일을 맞추기 위해서 나는 늦게까지 일을 했다.

마감 기한을 맞추지 못해서 기한의 연장이 필요한 경우에는 extend나 extension을 사용해서 표현합니다.

Can I get an extension on the assignment?
과제 마감일을 연장해 주실 수 있으세요?

이렇게 말한다!

MP3 3-06

Teacher	Please do grammar exercises for homework.
Student 1	Both pages?
Teacher	Yes, all of them.
Student 2	When is it due?
Teacher	**It's due on Monday.**

T 문법 연습 문제들을 숙제로 해 오세요.
S1 양 페이지 다요?
T 네, 전부요.
S2 언제까지죠?
T 월요일까지예요.

Lesson 07

오픈북이야.
It's an open book.

가장 난이도가 높은 시험의 유형은 무엇일까요?

아는 사람은 다 알지만, 가장 쉬울 것 같은 '오픈북' 유형의 시험은 사실 가장 난이도가 높은 악마의 시험입니다. 정확하게 교과서의 내용을 파악하고 있지 않으면 많은 양의 정보를 찾는데 시간을 쏟아야 하기 때문입니다. 그리고 그만큼 채점의 기준도 엄격하답니다. 하지만 오픈북이라고 하면 왠지 안심이 되는 건 어쩔 수 없지 않나요?

- **ex** It's an **open book test**. 오픈북 시험이야.
- **ex** **Open book tests** are the worst. 오픈북 시험은 정말 최악이야.

이것이 포인트!

open book이라는 말은 사람을 묘사하는 데 사용되기도 합니다. He's an open book이라고 하면 '그 사람은 보이는 그대로다', '숨기는 게 없는 사람이다', 바꿔 말하면 '정말 예측하기 쉬운 사람'이란 뜻입니다. 이성에 대해 open book이라고 표현하면 다소 신비스러운 매력이 결여된 사람이거나 그만큼 담백한 사람이라고 해석할 수 있습니다.

I like guys who are open book.
나는 단순한 남자들이 좋아요.

The author's life is an open book.
그 작가의 일생은 누구나 다 알고 있다.

> 누구나 알 수 있는 유명한 사람의 인생 역시 오픈북이라고 표현하기도 합니다.

이렇게 말한다!

🎧 MP3 3-07

Jake: Are you still playing that game? Don't you have an exam tomorrow?

Gian: I do, but I'm not too worried. Apparently **it's an open book test**.

Jake: That could be bad news. I find open book tests really hard.

J: 너 아직도 그 게임 하고 있어? 내일 시험 있지 않아?

G: 응. 근데 별로 걱정은 안 돼. 오픈북 시험이라고 하더라고.

J: 안 좋은 것일 수도 있어. 난 오프북 시험들이 진짜 어려운 것 같아.

Lesson 08

밤새야 할 것 같아.
I need to pull an all-nighter.

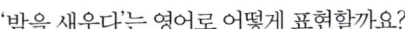

'밤을 새우다'는 영어로 어떻게 표현할까요?

'밤새워 공부를 하거나 일하다'라는 표현은 pull an all-nighter라고 합니다. '나 밤새야 해'라고 말할 때는 앞에 '~해야 하다'라는 의미의 I need to를 붙여서 표현합니다.

- **ex** I think I need to **pull an all-nighter**. 아무래도 밤새야 할 것 같아.
- **ex** I had to **pull an all-nighter** to finish my paper. 리포트 작성하느라 밤샜어.

이것이 포인트!

상황상 어쩔 수 없이 밤샘 작업을 해야 했을 때는 I need to pull an all-nighter라고 하지만, 늦게 자거나 밤을 꼴딱 새웠다는 말은 I stayed up late 또는 I stayed up all night라고 합니다.

I stayed up late studying before the exam.
나는 시험 전에 공부를 하느라 밤을 새웠다.

party all night라고 하면 '밤새 신나게 파티를 한다'는 의미입니다. 반대로 '하루 종일 잠만 잤다'라고 할 때는 I slept all day라고 합니다.

이렇게 말한다!

MP3 3-08

Bernie	Jake, do you want to get chicken after class?	B 제이크, 수업 끝나고 치킨 먹을래?
Jake	I can't… and you know I never say no to chicken.	J 안 돼… 너 알지, 내가 절대 치킨 사양 안 하는 거.
Bernie	Yeah, what's the deal?	B 그러니까, 대체 무슨 일이야?
Jake	I got an exam tomorrow. **I need to pull an all-nighter.**	J 내일 시험이 있어. 밤새 공부해야 해.
Bernie	That's too bad. Good luck, buddy!	B 안타깝다. 행운을 빌어줄게, 친구!

Lesson 09
아파서 못 나온대요.
She called in sick.

아파서 회사에 출근할 수 없을 때 I'm sick이라고만 말하면 될까요?

몸이 아파서 출근할 수 없을 때는 회사에 전화해서 알려야 하겠죠? 전화로 병가를 내는 것을 call in sick이라고 합니다.

- ex) She **called in sick**. 그녀는 아파서 병가를 냈다.
- ex) I think I have to **call in sick** today. 오늘은 아파서 못 나간다고 전화해야겠어.

이것이 포인트!

학교나 직장을 쉰다고 표현할 때 absence(결근, 결석)나 vacation(방학, 휴가) 같은 단어를 떠올리기 쉽지만, 앞서 배운 call in sick을 써서 표현해야 합니다.

> Because of the flu, four of our teachers **called in sick**.
> 감기 때문에 4명의 선생님들이 병가를 냈다.

'방학'이나 '휴가'는 어떻게 표현할까요? '여름 방학'은 summer break/vacation, '겨울 방학'은 winter break/vacation이라고 표현합니다. 하지만 직장인의 '휴가'는 vacation이라고만 표현합니다. 특히 '유급 휴가'의 경우에는 paid vacation이라고 하죠.

> Our **summer break** starts in August.
> 여름 방학은 8월에 시작돼요.
>
> I used all my **vacation** days. 나는 올해 휴가를 다 썼다.

이렇게 말한다!

🎵 MP3 3-09

Mom	Joy, don't you have to get ready for work?	M 조이, 너 출근 준비해야 하지 않니?
Joy	I know. But I think I'm coming down with the flu.	J 알아요. 근데 감기 몸살이 오는 것 같아요.
Mom	Then **you should call in sick**.	M 그럼 병가를 내는 게 좋을 것 같다.

Lesson 10

밀린 일을 처리하고 있어.
I'm catching up on my work.

동사 catch를 '잡다'라는 뜻으로만 알고 있나요?

Are you busy?

Yes, I'm catching up on my work.

catch의 기본 뜻은 '(물건 등을) 잡다'입니다. 그런데 catch up이라고 하면 '따라 잡다'라는 뜻이 됩니다. 흔히 두 가지의 상황에서 사용됩니다.

- ex We should **catch up** over coffee sometime.
  차 한잔 하면서 근황 얘기 좀 해요.
- ex I have to **catch up** on my work. 밀린 일을 처리해야 해요.

이것이 포인트!

catch up이라는 표현을 어떠한 상황에서 쓸 수 있는지 살펴보겠습니다.

🟩 **미뤄진 일 또는 남은 일을 해야 하는 상황**
I need to **catch up** on my reading.
못 읽은 책을 (학교 공부 등) 읽어야 한다.

> 수업 진도 범위까지 따라잡아야 한다는 뜻으로 해석할 수 있습니다.

🟩 **오랜만에 만난 친구와 그동안 못했던 이야기들을 하는 상황**
We **have to catch up** soon. It's been too long!
우리 조만간 만나서 그동안 못했던 얘기들을 하자. 너무 오랜만이다!

이렇게 말한다!

🎧 MP3 3-10

David	How was your vacation?	D 휴가 어땠어요?
Thomas	Oh, It was great. I really needed it. But now **I need to catch up on my work**.	T 정말 좋았어요. 휴가가 정말 필요했거든요. 근데 이젠 밀린 일을 처리해야죠.
David	Yes, speaking of work, we need to follow up on Mr. Brown's letter. He filed a complaint again last week.	D 안 그래도 말이 나와서 그런데, 브라운 씨가 보낸 편지 좀 확인해 봐요. 지난 주에도 또 클레임이 들어왔어요.
Thomas	Certainly.	T 네, 그러죠.

Lesson 11

수고하셨습니다!
Let's call it a day!

영어에는 '수고하셨습니다'라는 말은 없지만, 이와 가장 유사한 표현은 무엇일까요?

Let's call it a day는 '이만 마무리합시다', '오늘은 그만 퇴근합시다'라는 표현입니다. 이는 하루를 마감하며 퇴근할 때 '수고하셨습니다'라는 인사처럼 사용되는 표현입니다. 참고로 보통 윗사람이 Let's call it a day라고 말을 꺼내면 나머지 사람들은 Yes, great와 같이 대답을 합니다.

- ex **It's late. Let's call it a day.** 늦었네요. 오늘은 이만 끝냅시다.
- ex **The boss called it a day.** 사장님께서 마감을 하자고 하셨다.

이것이 포인트!

업무를 마무리하면서 하는 말로 Let's call it a day 외에도 Wrap up이라는 표현도 있습니다. 둘 다 실제로 일이 마무리되었다기보다는 '충분히 할 만큼 했으니 오늘은 그만하고 퇴근하자'는 의미로 씁니다.

> It's already two. We should **wrap up** the meeting.
> 벌써 두 시네요. 미팅을 마무리 짓죠.

회의에서 자주 사용되는 단어
- **summary** 요약
- **to recap** 정리하자면
- **chairperson** 회의 의장
- **meeting minutes** 회의록
- **opening & closing a meeting** 미팅의 시작과 마무리

이렇게 말한다!

🎧 MP3 3-11

Dominic	If I may interrupt, I have to catch the airport shuttle in about 15 minutes.	D 정말 죄송하지만, 제가 한 15분 안에 공항 리무진을 타야 해서요.
Jake	Oh, are you going somewhere?	J 어디 여행 가세요?
Dominic	I'm making a short trip to Japan this weekend.	D 주말에 일본으로 여행을 가세요.
Cynthia	Well then, **why don't we wrap up the meeting and call it a day**?	C 그렇다면, 미팅은 마무리하고 오늘은 이만 끝내는 게 어떨까요?

Culture Talk

미국 영어 VS. 영국 영어

영어는 정말 지구촌 언어입니다. 그래서 영어는 Lingua Franca라고도 표현합니다. 한 나라만의 언어가 아닌 다양한 발음과 형태로 존재하고 있기 때문이죠. 미국, 영국, 캐나다, 호주, 뉴질랜드, 싱가포르 등 여러 나라에서 영어가 쓰이고 있지만, 가장 많이

비교가 되는 것은 미국 영어와 영국 영어일 것입니다. 팝송과 할리우드의 영향으로 한국을 포함한 대부분의 나라는 미국 영어에 더 익숙해져 있습니다. 그러나 영어가 다양한 만큼 두 나라의 영어를 비교하여 차이점을 알아두는 것도 중요합니다.

비슷하면서도 너무나 다른 두 나라의 어휘들 중 전 세계인이 가장 사랑하는 스포츠, 축구에 관련된 용어들을 비교해 보겠습니다. '축구'를 미국에서는 soccer라고 하고, 영국에서는 football이라고 합니다. 미국에서 football은 '미식 축구'를 의미합니다.

	미국	영국
축구화	shoes/cleats	boots/studs
동점	tie	draw
연장전	over-time	extra-time
축구장	field	pitch

Daily Routine

Lesson 01 난 야행성이야.
I'm a night owl.

'아침형'이나 '야행성'이란 말은 영어로 어떻게 표현할까요?

'야행성인 사람'은 밤에 활동하는 올빼미에 비유하여 night owl이라고 표현합니다. 반대로 '아침형 인간'은 morning person 또는 비유적으로 early bird라고 합니다.

- ex) He's a **night owl**. He sleeps at 4 in the morning.
  그는 야행성이에요. 보통 새벽 4시에 잠들어요.
- ex) I'm a **morning person**. My day starts at 6 in the morning.
  저는 아침형 인간이에요. 제 하루는 오전 6시에 시작되죠.

이것이 포인트!

아침형 인간에 대한 속담으로 Early bird catches the worm(일찍 일어나는 새가 벌레를 잡는다)이 있습니다. 그만큼 부지런한 사람이 성공을 한다는 뜻이죠.

여기서 파생된 Early bird catches the worm, but the second mouse gets the cheese라는 표현도 같이 알아두세요. 이 말은 '첫 번째 쥐는 치즈를 먹으려다 쥐덫에 걸려서 잡히지만 두 번째 쥐는 쥐덫을 피해 치즈를 먹을 수 있다'는 뜻으로, 느긋한 사람이 조급한 사람의 시행착오를 관찰한 후에 성공할 수도 있다는 말입니다.

'아침에 일찍 일어나는 사람'은 early riser, '남들보다 조금 늦게 성공을 하는 대기만성형 인간'을 late bloomer라고 한다는 것도 같이 알아두세요.

이렇게 말한다!

MP3 4-01

Gian	Are you okay? You don't look so good.
Courtney	No. I'm not used to being up so early.
Gian	But it's already 8! What time do you usually get up?
Courtney	Probably around noon. I need coffee.
Gian	**You must be a night owl.**
Courtney	No kidding. I went to bed at 5 last night.

G 괜찮아? 너 안색이 안 좋아 보여.
C 안 괜찮아. 이렇게 일찍 일어나는 게 익숙하지 않아서.
G 8시나 됐는데! 보통 몇 시에 일어나는데?
C 한 12시쯤. 커피 좀 마셔야겠다.
G 너 야행성이구나.
C 응 완전히. 어제도 새벽 5시에 잤는걸.

Lesson 02
종종 요리를 해.
I cook every now and then.

'가끔' 뭔가를 한다고 할 때 sometimes만 쓰시나요?

'가끔', '때때로', '종종'에 대한 영어 표현으로 sometimes만 알고 계시나요? '가끔'이라고 할 때 every now and then도 많이 씁니다. sometimes와 약간 의미 차이가 있는데, every now and then은 그럴 때도 있고 아닐 때도 있다는 뜻으로 꾸준하지 않다는 의미에 더 가깝습니다.

- **ex** I cook **every now and then**. 종종 집에서 음식을 해 먹기도 해요.
- **ex** I watch documentary on TV **every now and then**.
  종종 TV에서 다큐멘터리를 봐요.

이것이 포인트!

sometimes와 every now and then의 쓰임에 대해 확실하게 알고 넘어갑시다.

📁 **sometimes** 자주 하지 않던 일이나 일상적이지 않은 특별한 일을 가끔 한다는 의미

We all make mistakes **sometimes**.
우리는 모두 가끔씩 실수를 하지요.

📁 **every now and then** 내가 하는 많은 일 중에 빈도수가 낮은 편임을 의미

I go hiking **every now and then**.
저는 가끔 등산을 가요. (자주 가지는 않는다.)

이렇게 말한다!

🎧 MP3 4-02

Michelle	How often do you cook for yourself?	M 집에서 얼마나 자주 음식을 해 먹어?
Courtney	Oh, **every now and then**. I usually eat out.	C 종종. 보통은 나가서 먹어.
Michelle	Same here. I eat out all the time.	M 나도. 나는 항상 나가서 먹는걸.

Lesson 03
집안일을 싫어해.
I hate doing chores.

'집안일'은 영어로 뭐라고 할까요?

Do you need help?

I hate doing chores!

영어로 '집안일'에 대해 말할 때 '집'을 나타내는 단어인 house나 home을 떠올려 housework, homework, work at home과 같이 말하는 실수를 많이 하는데, '집안일'에 대한 올바른 표현은 chores입니다. '집안일을 하다'는 do chores라고 하죠.

- ex I'm **doing chores**. 난 집안일을 하고 있는 중이야.
- ex Did you make a list of **chores** to do? 해야 할 집안일 목록 만들었어?

이것이 포인트!

chores(집안일)에도 여러 가지가 있겠죠. 우리가 자주 하는 chores에 대한 영어 표현을 알아봅시다.

- wash dishes　설거지를 하다
- wash clothes　빨래를 하다
- take out the trash　쓰레기 내다 버리다
- wipe　창문을 닦다
- sweep　바닥을 쓸다
- mop　바닥을 물걸레질하다
- vacuum　청소기를 돌리다
- tidy (up)　책상 위를 정돈하다, 방을 정리하다

> chores를 household chores라고도 합니다. household chores라고 하면 '집 안에서 해야 하는 일상적인 일'이라는 의미가 좀 더 명확해지죠.

이렇게 말한다!

🎧 MP3 4-03

Ellie	**Here is a list of chores** you can help me with. (Takes a look at the list)	E 여기 오늘 나 도와줄 집안일 목록이야. (목록을 본다)
James	You know I hate doing the dishes. I will clean the toilet and take out the trash. Can you just do the dishes and wash the clothes?	J 나 설거지하기 싫어하는 거 알면서. 내가 화장실 청소하고 쓰레기도 내다 버릴 테니까 그냥 자기가 설거지랑 빨래만 해 주면 안 될까?
Ellie	Are you sure?	E 정말?
James	Yes.	J 응.

Lesson 04

꾸준히 운동해.
I work out on a regular basis.

'꾸준히'를 나타내는 단어는 always와 usually 중 어느 것일까요?

always는 '항상', usually는 '자주'라는 뜻으로 '꾸준히'와는 의미 차이가 있습니다. 무언가를 반복적으로 '꾸준히' 한다고 할 때는 on a regular basis라는 표현을 씁니다.

- **ex** I work out **on a regular basis**. 저는 꾸준히 운동을 해요.
- **ex** I've been volunteering **on a regular basis**.
  저는 꾸준히 자원봉사를 해 왔어요.

🖐 이것이 포인트!

basis는 '~의 기준'이라는 의미입니다. on a daily basis는 '매일의 기준으로', 즉 '매일매일'이라는 뜻입니다. 마찬가지로 on a monthly basis는 '매달의 기준으로', 다시 말해 '한 달에 한 번 정도'를 말합니다.

> **I go swimming on a daily basis.**
> 나는 매일(하루에 한 번은) 수영을 가요.

regular도 꾸준함을 나타내는 단어입니다. regular가 형용사일 때는 '규칙적인'이라는 뜻이고, 명사로 쓰이면 '단골손님'이라는 뜻이 됩니다.

> **The lady is a regular here. She's been coming here for the past 10 years.**
> 여성분은 여기 단골이에요. 10년 동안 이곳에 오셨어요.

> regular를 '일상적인', '보통의'라는 뜻으로 잘못 쓰는 경우가 많으니 주의하셔야 합니다. '일상적인', '보통의'라고 할 때는 ordinary로 표현해야 합니다.

📢 이렇게 말한다!

🎧 MP3 4-04

Michelle	Do you work out?	M 운동하니?
Julia	**I do work out on a regular basis.**	J 꾸준히 해.
Michelle	What do you do?	M 뭐 하는데?
Julia	I go for a run every morning.	J 매일 아침마다 뛰어.
Michelle	Good for you. I really should hit the gym more often.	M 잘하고 있네. 정말 나도 자주 헬스장 가서 운동해야 하는데.

Lesson 05

심부름하고 있어.
I'm running some errands.

'심부름을 하다'는 영어로 뭐라고 할까요?

'심부름을 하다'는 run an errand라고 합니다. errand는 심부름같이 다소 귀찮지만 해야 하는 '잡일'을 뜻합니다.

- ex **He ran an errand** for his father. 그는 아버지 심부름을 했다.
- ex I've been busy **running errands** all morning.
  아침 내내 심부름 해야해서 바빴어요.

이것이 포인트!

errand에는 어떤 것들이 있을까요? run an errand라는 표현에서 알 수 있듯이 errand는 집 밖에서 돌아다니며(run) 해야 하는 일을 말합니다. 예를 들어 은행에 간다든지 우체국에 가서 볼일을 보는 것 등이죠. 본인이 해야 하는 일과 남에게 부탁받아서 하는 일 모두 errand라고 할 수 있습니다.

> '심부름 센터'는 errand running center라고 합니다. 주로 몸이 불편하신 분이나 혼자 사시는 나이 드신 분들을 위한 서비스를 제공합니다.

My boss sent him on an errand.
나의 상사는 그에게 심부름을 보냈다.

I went on an errand to the bank.
나는 은행으로 심부름을 갔다.

이렇게 말한다!

🎧 MP3 4-05

Mom	Roy, are you free? **I need you to run some errands for me.**	M 로이, 지금 시간 있니? 심부름 좀 해 줬으면 하는데.
Roy	Sure, Mom. What do you want me to do?	R 네, 엄마. 뭘 하면 될까요?
Mom	Can you go to the bank and pay these bills? I also need you to send your sister this care package*.	M 은행 가서 고지서들 좀 납부해 줄래? 그리고 우체국에서 너희 누나한테 보낼 소포를 좀 부쳐 주렴.

*care package 집에서 보내는 가족의 사랑이 담긴 소포로, 보통 떨어져 사는 자녀를 위해 부모님들이 음식, 선물, 필요한 옷 등을 담아 보내는 것

Lesson 06
시간이 별로 없어.
I don't have much time.

'많은'이라는 뜻의 many와 much 중에 시간 앞에 쓸 수 있는 것은 무엇일까요?

Are you free today?

No, I don't have much time today.

many는 셀 수 있는 명사 앞에, much는 셀 수 없는 명사 앞에 씁니다. '시간'은 셀 수 없는 명사이니 앞에는 much가 오겠지요. 따라서 '시간이 많이 없다'라고 할 때는 I don't have much time이라고 합니다.

ex **We don't have much time.** 우리에겐 시간이 없다.

이것이 포인트!

much 뒤에는 time과 같이 항상 단수 형태로 쓰이는 단어들이 옵니다.

> a lot of와 lots of는 셀 수 있는 명사와 셀 수 없는 명사의 구분 없이 둘 다에 사용할 수 있습니다.
>
> She has a lot of friends online.
> 그녀는 온라인상의 친구가 굉장히 많다.

📁 **time** '시간'은 셀 수 없는 명사
I don't have **much time** today. 나 오늘은 시간이 별로 없어.

📁 **money** '돈'은 동전이나 화폐를 생각해서 셀 수 있다고 생각하지만, '돈'이라는 개념을 의미하고 있기 때문에 셀 수 없는 명사로 취급
I don't have **much money** to go shopping.
나 돈이 별로 없어서 쇼핑 못 할 것 같아.

📁 **information** '정보' 역시 셀 수 없는 명사
There isn't **enough information** on the subject.
그 주제에 관한 정보가 별로 없다.

📁 **English** '영어'와 같은 언어와 학문은 단수
I don't speak **much English**. 나는 영어를 잘 못한다.

이렇게 말한다!

🎧 MP3 4-06

Dominic	Can we play tennis tomorrow?
Edward	No, not tomorrow. **I don't have much time.** I will be on the set, shooting a new music video.
Dominic	Wow, can I go watch?
Edward	Sure, you are more than welcome to.

D 내일 테니스 칠까?
E 아니, 내일은 안 돼. 시간이 많이 없어. 새 뮤직비디오 촬영 때문에 세트장에 있을 거야.
D 와, 구경하러 가도 돼?
E 그럼, 언제든지 환영이야.

Chapter 4 **Daily Routine** · 107

Lesson 07

얼어죽을 것 같아!
It's freezing!

'춥다'는 말, cold 말고는 없을까요?

형용사 cold는 '춥다'라는 뜻이죠? 날씨가 추워질 때 걸리는 감기도 cold라고 합니다. 매우 추울 때는 freezing으로 표현합니다. freeze는 '물이 얼다', '얼음이 되다'라는 뜻이니 freezing이라고 하면 얼어 죽을 정도로 아주 추운 날씨를 말하죠.

- ex) I'm **freezing** to death. 추워서 죽을 지경이다.
- ex) It's **freezing** out today. 오늘은 밖이 정말 얼어 죽을 정도로 춥다.

이것이 포인트!

cold와 freezing 외에도 추위를 나타내는 말에는 여러 가지가 있습니다.

📁 **chilly** 쌀쌀하다
It's **chilly** outside. 밖에 쌀쌀해.

> chilly라는 단어는 음식과 함께 쓰이면 '맵다'라는 맛을 표현합니다.

📁 **biting wind** 매서운 칼바람
I felt the **biting wind** on my face.
나는 얼굴을 에는 듯한 찬 바람을 느꼈다.

📁 **shivering** 너무 추워서 몸이 덜덜 떨린다
shaking 으슬으슬 떨린다
He was **shivering** all day. 그는 오늘 하루 종일 떨고 있다.

이렇게 말한다!

🎧 MP3 4-07

Courtney	Seoul is so cold!	C	서울은 정말 추워!
Michelle	Really? Seoul is cold but definitely not as cold as where I used to live.	M	그래? 서울이 춥긴 한데 내가 전에 살던 곳에 비하면 덜 추운 것 같아.
Courtney	And that is?	C	그게 어딘데?
Michelle	Toronto, **Toronto was freezing.**	M	토론토, 토론토는 꽁꽁 얼 만큼 추웠어.
Courtney	How cold was it?	C	얼마나 추웠는데?
Michelle	The average temperature was 20 degrees below zero in the winter.	M	겨울 평균 기온이 영하 20도였어.
Courtney	Yikes! I'm **shaking** already!	C	맙소사! 나 몸이 벌써 떨린다!

Lesson 08
날씨가 후덥지근하다.
It's hot and humid.

여름철 후덥지근한 날씨는 뭐라고 표현할까요?

Summer is hot and humid.

날씨가 '덥다'는 영어로 hot이라고 표현하죠. 장마철에 '습하다'는 humid라고 표현합니다. '후덥지근하다'는 덥고 습한 것을 말하니 hot and humid라고 하면 됩니다.

ex **Summer is really hot and humid here.** 이곳의 여름은 정말 후덥지근하다.

이것이 포인트!

여름철 날씨를 나타내는 표현을 좀 더 살펴보겠습니다.

📁 **sunny** 화창한 날씨
  warm 따뜻한, 포근한
  It's a **sunny** day. 오늘은 날씨가 화창하다.
  It's getting **warmer**. 날씨가 점점 따뜻해지고 있다.

📁 **heat wave** 장기간의 찜통더위
  This **heat wave** is killing me! 폭염 때문에 죽을 것 같아!

📁 **sizzling hot** (태양이 강해) 몹시 뜨거운
  boiling hot 삶은 듯이 더운
  Las Vegas is **sizzling hot** in summer.
  여름에 라스베이거스는 굉장히 뜨겁다.
  It's **boiling hot** today. 오늘 날씨가 찌는 듯이 덥다.

> sizzling과 boiling 둘 다 요리와 관련된 단어입니다. sizzle은 '지글지글 소리가 나다', boil은 물 등을 '끓이다'라는 뜻인데, 그만큼 뜨거운 날씨임을 비유적으로 표현한 것입니다.

이렇게 말한다!

🎧 MP3 4-08

Sarah	**It's boiling outside today.**	S 오늘 정말 밖에 덥네요.
Kyle	It is.	K 그렇죠.
Sarah	I'm not used to the humid summer in Korea.	S 저는 한국의 습한 여름이 익숙하지 않아요.
Kyle	Well, Texas is a swamp compared to Seoul.	K 음, 서울에 비하면 텍사스는 완전히 늪이에요.

Lesson 09

시간 가는 줄도 몰랐어.
I lost track of time.

무언가에 몰두해 시간이 지나가는 걸 깜빡할 때가 있죠? 이 상황을 영어로는 어떻게 표현할까요?

뭔가를 '놓치다', '잊어버리다'를 lose track of라고 합니다. '시간이 지나는 걸 깜빡하다', '시간 가는 줄 모르다'는 lose track of time이라고 하면 됩니다. 동사 forget도 '잊어버리다', '잃어버리다'라는 뜻이 있지만, lose track of time과는 의미 차이가 있습니다. forget은 완전히 생각을 못해 놓쳐 버린 것을 말하고, lose track of time은 '시간이 흘러가는 것도 모른 채'라는 의미입니다.

- ex **I lost track of time** reading books. 나는 책을 읽느라 시간 가는 줄 몰랐다.
- ex I fell asleep and **lost track of time**. 잠이 들어서 시간 가는 줄 몰랐어요.

이것이 포인트!

원래 track은 '운동장의 육상 트랙' 또는 '기차가 다니는 선로'를 뜻합니다. lose track은 잘 가던 길에서 이탈되는 것처럼 자기의 위치를 까먹거나 잃어버리는 상태를 나타냅니다. 공부나 업무에 몰두해 시간이 몇 시인지, 얼마나 오랜 시간이 지났는지 모를 때 씁니다.

> It's 10 already? I completely **lost track of time**.
> 벌써 10시야? 시간 가는 줄 몰랐네.

lose가 들어간 재미있는 표현 하나 더 알아볼까요? lose one's mind라고 하면 '정신을 잃다'라는 뜻인데, 뭔가에 미치도록 열광할 때도 이 표현을 쓸 수 있습니다.

> Did you completely **lose your mind** to spend all that money on shoes?
> 너 그 돈을 신발 사는 데 다 쓰다니 정신 나간 거 아니니?

이렇게 말한다!

Michelle	Did you get something to eat?
Sarah	No, I wasn't hungry. By the way, what's the time?
Michelle	It's past 8.
Sarah	Really? I guess **I completely lost track of time.**

M 뭐 좀 먹었어요?
S 아니요. 별로 배가 안 고파서요. 그런데 지금 몇 시예요?
M 8시 넘었어요.
S 정말요? 완전히 시간 가는 줄 모르고 있었네요.

Lesson 10
전화했을 때 나 자고 있었어.
I was sleeping when you called.

단순과거와 과거진행 시제의 차이를 살펴볼까요?

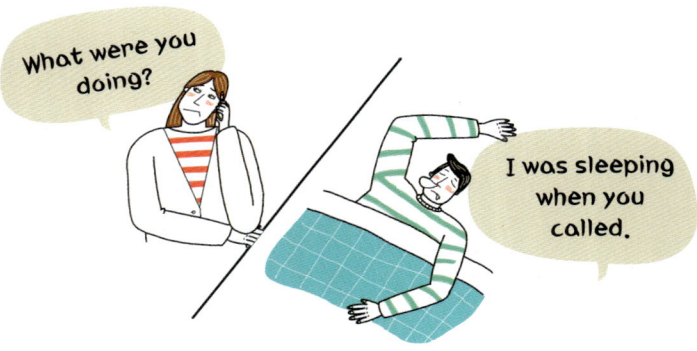

'단순과거'는 과거에 일어난 일에 대해 이야기할 때 사용하고, '과거진행'은 과거에 일어난 일 중에서도 진행 중이었던 일을 강조해서 이야기할 때 사용합니다.

- ex) **I ordered** pizza yesterday. 나는 어제 피자를 주문했다.
- ex) **I was ordering** pizza yesterday **when you called.**
  어제 네가 전화했을 때 나는 피자를 주문하고 있었다.

이것이 포인트!

'단순과거+과거진행'은 스토리텔링을 할 때 가장 많이 사용되는 문장 구조입니다. 이 경우 일종의 법칙이 존재합니다.

1. 두 개의 다른 사건이 등장.
그중에 한 사건이 다른 사건보다 시간적으로 먼저 발생함

I **was sleeping** (from 2 pm). 나는 (오후 2시부터) 자고 있었다.
You **called me** (around 3pm). 네가 나에게 (오후 3시쯤) 전화를 했다.

2. 두 시제가 when으로 연결됨

I was sleeping when you called.
네가 나에게 전화했을 때 나는 자고 있는 중이었다.

이렇게 말한다!

🎧 MP3 4-10

Dylan	So did you hear anything back from the school?	D 그래서 학교에선 연락 왔어?
Michelle	Yeah, **they called me when I was out hiking**.	M 응, 내가 등산하고 있는데 연락이 왔어.
Dylan	And what did they say?	D 그래서 뭐라고 했는데?
Michelle	I got accepted!	M 나 붙었대!
Dylan	Congratulations!	D 축하해!

Lesson 11

일찍 들어와.
Don't stay out late.

'일찍 들어와' 이 말을 영어로는 어떻게 할까요?

'일찍 들어와'를 바꿔 말하면 '늦게까지 밖에 있지 마'라고 할 수 있을 것입니다. 영어에서는 이런 식으로 Don't stay out late와 같이 표현합니다. 여기서 stay out은 '밖에서 머무르다', '밖에 있다'라는 뜻인데, 이렇게 동사 뒤에 out을 붙여서 '밖에서 ~하다'라는 뜻을 나타내는 경우가 있습니다. be out은 '외출하다', eat out은 '외식하다'라는 뜻이죠.

> **ex** Don't **stay out** too late. 너무 늦게까지 밖에서 놀지 마.
> **ex** Can we **eat out** today? 우리 오늘 외식할까?

이것이 포인트!

동사 stay를 사용하여 다양한 표현을 만들 수 있습니다.

stay in 집에 있다, 외출하지 않다
stay up 밤늦게까지 잠을 안 자고 있다
stay over 누군가의 집에 머물다
stay over night 하룻밤 머물다, 외박하다

참고로 부모님이나 기숙사에서 정해 놓은 '귀가 시간'을 curfew라고 합니다. 외국에서는 부모님이 정한 귀가 시간을 안 지키고 늦게 들어올 경우, 그에 대한 벌로 grounded(외출 금지)를 당하기도 합니다.

이렇게 말한다!

MP3 4-11

Lori	Mom, I'm going out with Nicole tonight.
Mom	That's fine. Just **don't stay out late**.
Lori	But we are going to Melisa's birthday party.
Mom	Okay. But your curfew is still midnight.

L 엄마, 저 저녁에 니콜이랑 놀다 올게요.
M 그래 알겠어. 너무 늦게 들어오지 마.
L 그런데 멜리사의 생일 파티에 갈 거라서요.
M 그래. 하지만 그래도 네 귀가 시간은 12시야.

Culture Talk

영어로 숫자 세기

영어로 1, 10, 100, 1,000까지는 잘 세는데 0이 3개 이상이 될 경우에는 일종의 counting rule of 3를 적용하면 조금 더 쉽고 빠르게 이해할 수 있습니다.

1	one
10	ten
100	hundred
1,000	thousand 0이 세 개면 천(thousand)
10,000	ten thousand 만
100,000	hundred thousand 십만

그럼 1,000,000은 thousand thousand일까요?

0이 6개면 one million입니다. 그 다음 단위는

10,000,000	ten million	천만
100,000,000	hundred million	억

이젠 0이 9개가 붙어서 1,000,000,000! 또 한번 단위가 바뀔 때가 되었습니다. 바로 one billion입니다.

> ✏️ **다음 숫자를 영어로 어떻게 읽을까요?** (정답은 다음 페이지에 있습니다)
> ❶ 26 _____   ❹ 642,861 _____
> ❷ 378 _____   ❺ 2,300,000 _____
> ❸ 4,920 _____   ❻ 8,453,785 _____

돈을 셀 때도 원화와 달러의 화폐 가치가 다르기 때문에 주의가 필요합니다. 예를 들어, '천만 원'을 말할 때 thousand dollar라고 하면 큰일 나겠죠? 1달러가 천 원이라고 가정했을 때 단위는 다음과 같습니다.

1 dollar 1천 원
10 dollars 1만 원
100 dollars 10만 원

1,000 dollars 100만 원
10, 000 dollars 1000만 원
100, 000 dollars 1억

정답

❶ 26 twenty six ❷ 378 three hundred seventy eight ❸ 4,920 four thousand nine hundred twenty ❹ 642,861 six hundred forty two thousand eight hundred sixty one ❺ 2,300,000 two million three hundred thousand 또는 two point three million ❻ 8,453,785 eight million four hundred fifty three thousand seven hundred eighty five

Food & Health

Lesson 01

커피 어떻게 드세요?
How do you take your coffee?

커피를 '마신다'라고 할 때 동사는 drink를 쓸까요?

커피숍에서 주문을 받으며 '커피는 어떻게 드시겠어요?'라고 물어볼 때는 How do you take your coffe?라고 하는데, 여기서 동사로 drink가 아닌 take를 사용한 것에 주목하셔야 합니다.

- ex **I take** mine black. 저는 블랙으로 마셔요.
- ex **With** sugar and cream please. 설탕이랑 크림 넣어 주세요.

이것이 포인트!

How do you take your coffee?에 대한 대답은 I take ~나 I'll take ~와 같이 합니다. 이때의 동사 take는 커피를 부탁하는 요청의 의미입니다.

I take my coffee with syrup. 저는 시럽이 들어간 커피를 마셔요.
I'll take my coffee with nothing in it.
저는 아무것도 넣지 않은 커피로 마실게요.

요즘은 커피 전문점에서 커피를 사 마시는 경우가 더 흔하기 때문에 커피를 주문할 때 I take ~라고 하지 않고 I'd like ~라고 하는 게 더 일반적인 듯합니다.

I'd like a tall cafe latte please. 톨 사이즈 라테 주세요.
I'd like a tall americano with syrup please.
톨 사이즈 아메리카노에 시럽 넣어 주세요.

> 커피를 주문할 때 간단하게 with 다음에 커피에 넣어 줬으면 하는 것들을 말하기도 합니다.
>
> With sugar and cream, please.
> 설탕이랑 크림 넣어 주세요.

이렇게 말한다!

🎧 MP3 5-01

Clerk	What can I get for you?	C 무엇을 드릴까요?
Customer	**I'd like a tall soy latte please.**	C 톨 사이즈 두유 라테 주세요.
Clerk	Do you want it iced?	C 아이스로 드릴까요?
Customer	No, hot please.	C 아니요, 뜨거운 걸로 주세요.
Clerk	Okay. That will be $3.48 please.	C 네. 3달러 48센트입니다.

Lesson 02

3번 세트 주세요.
Can I get # 3?

패스트푸드점에서 음식을 주문할 때 사용하는 동사는 order일까요?

주문할 때 쓰는 동사로 buy나 order를 많이 떠올리지만, 음식이나 음료를 주문할 때는 get이나 have를 쓰는 게 일반적입니다. 영어에서 take나 get, have 동사는 정말 다양하게 쓰입니다.

- ex Can I **get** # 3 with Diet Coke? 3번 세트에 다이어트 콜라 주세요.
- ex Can I **have** the chicken nugget with sweet and sour sauce?
  치킨너겟을 새콤달콤한 소스와 함께 주시겠어요?

🤚 이것이 포인트!

커피숍이나 패스트푸드점, 그리고 레스토랑에서 음식이나 음료를 주문할 때는 Can I get ~? 또는 Can I have ~? 패턴을 사용하기도 합니다. 이때 음식을 주문하면서 음료나 사이드를 추가할 때는 with를 쓰면 됩니다.

Can I get # 2 with a large size Sprite?
2번 세트, 라지 사이즈 사이다랑 주세요.

Can I have the lobster and steak set please?
랍스터와 스테이크 세트로 하겠습니다.

Can I have the lobster and steak set with grilled vegetables please?
랍스터랑 스테이크 세트에 사이드로 구운 야채 주문할게요.

동사 get과 have는 식당에서뿐만 아니라 쇼핑을 할 때도 유용하게 쓸 수 있습니다.

Can we get some more water? 물 좀 더 주시겠어요?
Can you get me a medium size shirt please?
미디움 사이즈 셔츠로 가져다주시겠어요?

📢 이렇게 말한다!

🎧 MP3 5-02

Clerk	Can I take your order please?	C 주문 도와드릴까요?
Customer	Yes. **Can I get # 3 with Sprite please?**	C 네, 3번 세트와 사이다 주세요.
Clerk	Would you like to size up your drink and fries for $ 2?	C 2달러 추가하시면 음료랑 감자튀김 사이즈를 업그레이드 해 드리는데 하시겠어요?
Customer	Sure. Size up please.	C 네, 사이즈 업 해 주세요.
Clerk	$7.89 is your total please.	C 네, 다 해서 7달러 89센트입니다.

Lesson 03
계란은 한쪽만 익혀 주세요.
Over easy, please.

서양에서는 달걀을 요리하는 방법이 여러 가지 있습니다.

무려 11가지의 조리법을 가지고 있는 계란! 외국에서 아침은 굉장히 중요한 식사입니다. 그리고 이 아침 식단에서 꼭 빠질 수 없는 게 계란이지요. 그래서 그만큼 다양한 조리법이 존재한답니다.

> **ex** **How do you want your egg?** 계란을 어떻게 조리해 드릴까요?
> **Over easy** please. 오버 이지로 주세요.

이것이 포인트!

서양 음식 문화의 특성상 식당에서 계란을 주문하면 스테이크처럼 조리법을 물어보는데, 그중 가장 인기가 많은 조리법 몇 가지를 소개하겠습니다. How would you like your eggs?에 당황할 필요 없이 원하는 것을 주문해 보세요.

- scrambled 스크램블
- sunny side up 반숙 프라이 (노른자를 깨지 않고 해처럼 선명하게 보이게)
- hard boiled 삶은 계란 (완숙)
- soft boiled 삶은 계란 (반숙)
- over easy 한 번씩만 뒤집어서 가운데 노른자만 반숙

> 옵션이 아닌 개별 요리로서 주문해야 하는 계란 요리도 있습니다.
>
> poached 수란
> omelette 오믈렛
> deviled egg 맵게 요리한 계란

이렇게 말한다!

🎧 MP3 5-03

Michelle	Can I have the signature breakfast please?	M 시그니처(식당만의 특별한) 아침 메뉴로 할게요.
Waitress	Sure. How would you like your eggs?	W 네. 계란은 어떻게 조리해 드릴까요?
Michelle	**Over easy please.**	M 오버 이지로 주세요.
Waitress	Coffee or orange juice?	W 커피 드릴까요, 오렌지 주스 드릴까요?
Michelle	I'll have orange juice no ice please.	M 오렌지 주스로 얼음 없이 주세요.

Lesson 04

간단하게 먹고 가자.
Let's grab a bite.

'간단하게 먹다'는 어떻게 표현할 수 있을까요?

> Then, let's grab a bite.

> I'm a bit hungry.

grab은 '잡다', bite는 동사로는 '깨물다', 명사로는 '한입'의 의미입니다. grab a bite라는 표현은 직역하면 '손에 잡고 한입으로 먹다'인데, 말 그대로 '간단하게 식사하다', '간편하게 한 끼를 때우다'라는 의미입니다.

- ex **Let's grab a bite.** 간단히 뭐라도 좀 먹자.
- ex Did you **grab a bite** before the presentation?
  프레젠테이션 전에 뭐 좀 먹었어요?

이것이 포인트!

'식사를 준비하다'는 어떻게 표현할까요? 일반적으로 식사를 준비한다고 할 때 '요리하다'의 뜻을 가지고 있는 동사 cook을 사용해 표현하는 사람들이 많습니다. 하지만 '요리하다'보다는 '준비하다'의 의미를 살린 prepare a meal이라는 표현이 더 많이 쓰입니다.

> I usually pack lunch for Jay. But he **prepares dinner** for us.
> 주로 내가 제이의 점심을 싸 줘요. 하지만 그가 저녁 준비를 하죠.

식사와 관련된 단어
- **brunch** 브런치 (아침과 점심 사이)
- **munchies** 야식, 야식이 먹고 싶어지는 느낌
- **packed lunch** 집에서 싸 온 점심
- **comfort food** 집밥, 아플 때 먹는 죽 같은 편안한 음식
- **take out** 포장한 음식

이렇게 말한다!

🎧 MP3 5-04

Stanley	The movie's at 8.	S 영화는 8시야.
Michelle	Hmm... How hungry are you?	M 흠… 얼마나 배고파?
Stanley	Not too hungry. I had a late lunch.	S 많이는 안 고파. 점심을 늦게 먹어서.
Michelle	Really? I am a bit hungry already.	M 그래? 나는 벌써 조금 배고픈데.
Stanley	Okay. **Why don't we grab a bite before we go?**	S 그래. 그럼 뭐 간단하게 먹고 갈까?
Michelle	Sure. Let's get something light.	M 그래. 조금 가벼운 걸로 하자.

Lesson 05
우유가 상한 것 같아.
The milk's gone sour.

'음식이 상했다'를 영어로 표현하면?

음식의 유통기한이 지나 상한 상태는 다양하게 표현할 수 있습니다. 일반적으로 음식이 상한 상태는 rotten이나 spoiled로 표현합니다. 하지만 우유와 같은 유제품일 경우에 '상해서 신맛이 나는 상태'는 sour라고 표현하기도 합니다.

- ex) The milk must have expired. It's gone **sour**.
  우유가 날짜가 지났나 봐요. 신맛이 나요.
- ex) Something smells **rotten**. 뭔가 상한 냄새가 나는데.

이것이 포인트!

음식이 아닌 다른 것이 상했을 때는 어떤 표현을 쓰는지 살펴보겠습니다.

📁 **soiled** 커피 등을 쏟아서 옷이 망가진 경우

Ah! I spilled coffee on my shirt and now it's **soiled**.
아! 커피를 셔츠에 쏟아서 옷이 망가졌네. (옷에 얼룩이 졌네.)

📁 **stale** 과일의 경우 신선하지 않은 상태

Did you know you can make a fruit cake with **stale** fruits?
살짝 무른 과일들로 과일 케이크를 만들 수 있다는 사실을 알고 계셨나요?

이렇게 말한다!

🎧 MP3 5-05

Mom	Come down and drink your milk, Billy.	M 빌리, 내려와서 우유 마셔.
	(Billy drinks the milk)	(빌리가 우유를 마신다)
Billy	Eww, **the milk has gone sour**, Mom.	B 으, 엄마, 우유가 상했어요.
Mom	Really? I thought your dad picked up a new one from the store last night.	M 정말? 어젯밤에 너희 아빠가 새로 하나 사 온 줄 알았는데.
Billy	No, clearly not.	B 아니요, 아닌 게 분명해요.

Chapter 5 **Food & Health** · 131

Lesson 06

주문 좀 확인해 주시겠어요?
Could you check the status of my order?

레스토랑에서 음식이 늦게 나오면 어떻게 말해야 할까요?

status는 '상태'를 나타낼 때 쓰는 말로, 주문 상태를 확인해 달라고 할 때 쓰입니다. 음식이 늦게 나올 때 Please check the status of my order라고 하면 '주문 상태를 확인해 주세요'라는 뜻이 됩니다.

- ex Can you please **check the status** of my order?
  제 주문 좀 확인해 주실 수 있으세요?
- ex I'd like to **check the status** of my delivery please.
  제가 주문한 상품의 배송 현황을 확인하고 싶습니다.

이것이 포인트!

그 외 레스토랑에서 문제점들이 발생했을 때 어떻게 말할 수 있는지 살펴보겠습니다.

📁 **음식이 식어 나왔을 경우**
My soup is cold. 스프가 식었어요.

📁 **음식이 덜 익거나 너무 익은 경우**
My steak is undercooked. 스테이크가 덜 익었어요.
It's burned. 다 탔어요.

📁 **벌레나 머리카락이 발견된 경우**
There is a fly in my food. 제 음식에 파리가 있어요.
There is hair in my food. 제 음식에 머리카락이 있어요.

이렇게 말한다!

🎧 MP3 5-06

Customer	Excuse me, it's been 20 minutes since I gave my order. But we haven't received any appetizers or even any drinks yet.
Waiter	I'm so sorry. Let me **check the status of your order**.
Customer	Please do so. I'm in a hurry.
Waiter	I'm sorry for the delay. Your order will be on your table within the next 5 minutes.

C 저기요, 제가 주문한 지 20분이나 됐는데요. 아직 아무 애피타이저나 음료조차 못 받았어요.
W 정말 죄송합니다. 주문을 확인해 보겠습니다.
C 그렇게 해 주세요. 제가 지금 급해서요.
W 늦어서 죄송합니다. 5분 안에 음식을 준비해 드리겠습니다.

Lesson 07

입맛이 없어.
I don't have an appetite.

영어로 '입맛이 없다'는 어떻게 표현할까요?

appetite는 '입맛', '식욕'을 나타내는 말입니다. appetite라는 단어는 have an appetite for something(~을 좋아하다)의 형태로 가장 많이 사용됩니다. '식욕이 있다'고 할 때는 have an appetite라고 하고, '입맛을 잃었다'고 할 때는 lose an appetite라고 표현합니다.

- ex I've **lost an appetite**. 입맛이 없다.
- ex I **don't have** much of **an appetite**. 입맛이 별로 없어요.

🖐 이것이 포인트!

'운동 등 심한 체력 소비 후 배를 채울 준비가 되었다'는 work up an appetite라고 합니다. '뭔가 먹을 게 당긴다'라고 할 때는 I'm craving~으로 표현합니다.

I've just **worked up an appetite** with an intense workout session.
운동을 열심히 했더니 배가 엄청 고프네.

I'm **craving** something spicy.
매운 게 먹고 싶네.

'단것을 매우 좋아한다'는 말은 have a sweet tooth라고 한다는 것도 같이 알아두세요.

I have a **sweet tooth**. I can't live without chocolate.
난 단 걸 너무 좋아해. 초콜릿 없인 못살아.

📢 이렇게 말한다!

🎧 MP3 5-07

Mary	Have some carrot cake, Jenny.	M 당근 케이크 좀 먹어, 제니.
Jenny	No, thank you. **I don't have much of an appetite.**	J 괜찮아, 사양할게. 입맛이 별로 없어서.
Mary	Why's that?	M 아니 왜?
Jenny	I have a sore throat.	J 목이 아파서.

Chapter 5 **Food & Health** · 135

Lesson 08
화장실 어디에 있어?
Where is the bathroom?

'화장실'을 나타내는 표현도 여러 가지가 있습니다.

toilet은 '변기'라는 뜻입니다. '화장실'을 가리키기도 하지만, 격식 있거나 교양 있는 표현이라고는 할 수 없습니다. '화장실'을 표현하는 가장 정확한 단어는 bathroom입니다.

- **ex** Excuse me, where is the **bathroom**? 실례합니다만, 화장실은 어디에 있나요?
- **ex** We need to repair the toilet. 화장실 변기를 수리해야 해요.

이것이 포인트!

'화장실'을 나타내는 표현은 이외에도 여러 가지가 있는데, 이 표현들의 차이점에 대해 살펴보겠습니다.

📁 washroom

주로 집안에 있는 화장실이 아닌 외부, 공공장소에 있는 화장실

Do you mind if I use the washroom? 화장실 좀 써도 될까요?

📁 ladies' room / gentlemen's room

가장 교양 있게 화장실을 나타내는 단어.
백화점, 고급 레스토랑, 공연장 등의 표지판에서 찾아볼 수 있음

She asked where to find the ladies' room.
그녀는 여자 화장실이 어디 있는지 물었다.

화장실과 관련된 단어
- **powder room** 여자 화장실 내의 화장을 고치는 공간
- **diaper board** 화장실 내 접이식 보드에서 기저귀를 가는 공간
- **nursery room** 기저귀를 갈거나 아이들을 돌볼 수 있는 공간

이렇게 말한다!

🎧 MP3 5-08

Courtney	Do you know if there is a **bathroom** around here?	C 혹시 이 근처에 화장실 있어?
Bernie	Yes. There is one in this building. The **ladies room** is on the second floor.	B 응. 이 건물에 있어. 여자 화장실은 2층에 있어.
Courtney	Maybe I should get some tissues first.	C 먼저 휴지를 좀 사야겠다.
Bernie	Good idea.	B 좋은 생각이야.

Lesson 09
감기 몸살이 오는 것 같아.
I'm coming down with a cold.

'감기 걸렸어'가 아니라 '감기 몸살이 오는 것 같아'는 어떻게 표현할까요?

일반적으로 몸이 아프거나 병에 걸렸을 때는 have를 사용합니다. 하지만 ONLY! '감기나 몸살이 오는 것 같다'라는 표현에는 coming down을 사용합니다. 직역하면 '내려오고 있다'인데, 몸에 바이러스가 침투되어 쇠약해지고 있는 신체의 상태를 연상하면 기억하기 쉽습니다.

- ex) I think I'm **coming down** with a cold. 감기가 오는 것 같아.
- ex) How do you know if you are **coming down** with the flu?
  독감(감기 몸살)이 오는지 어떻게 알 수 있죠?

이것이 포인트!

'감기'는 a cold 그리고 '독감'은 the flu라고 합니다. **'독감'은 일종의 유행하는 바이러스성 감기라서 앞에 a가 아닌 the가 붙습니다.**

I have **a cold**. 나는 감기에 걸렸다.
She caught **the flu** at work. 그녀는 회사에서 독감에 걸렸다.
I **have** a fever and a sore throat. 나는 열도 있고 목도 아프다.

감기의 다양한 증상

- **runny nose** 콧물
- **cough** 기침
- **headache** 두통
- **sore throat** 목의 통증
- **fever** 열
- **body ache** 온몸이 아픈 증상, 몸살

이렇게 말한다!

🎧 MP3 5-09

Dominic	I don't feel so good.	D 나 몸이 좀 안 좋아.
Kyle	What's wrong?	K 어디 아파?
Dominic	I have a bit of a fever. I think **I'm coming down with a cold**.	D 열이 조금 있어. 감기가 오는 것 같아.
Kyle	That's too bad. Let me know if you need a painkiller.	K 안됐다. 진통제가 필요하면 얘기해.
Dominic	Thanks a lot.	D 고마워.

Lesson 10

나 완전 지쳤어.
I'm completely burnt-out.

'번 아웃 증후군'이라고 들어 보신 적 있나요?

에너지가 고갈되어 육체적, 정신적으로 피곤한 상태를 '번 아웃 증후군'이라고 하죠? 영어로는 burnout syndrome이라고 합니다. '완전히 녹초가 된'이라는 뜻의 형용사로 쓰일 때는 burnt-out의 형태가 됩니다.

- **ex** I'm completely **burnt-out**. 나 완전히 지쳤어.
- **ex** **Burnout** is a common syndrome among people in their 30's.
  번아웃은 30대에게 흔한 증후군입니다.

이것이 포인트!

스트레스에 관련된 다른 표현들을 알아보겠습니다.

📁 **overwhelmed** 압도된
(너무 많은 일에 심적으로 부담감을 느끼고 있는 상태)
He was **overwhelmed**. 그는 심적으로 부담을 느꼈다.

📁 **under pressure** 압박을 받는
(압박이나 스트레스를 많이 받고 있는 상태)
He played well even **under pressure**.
그 선수는 압박을 받는 상황에서도 경기를 잘 해나갔다.

📁 **stressed out** 스트레스를 받는
I'm so **stressed out**. 나는 스트레스를 많이 받은 상태다.
I go to the gym to **relieve stress**.
나는 스트레스 해소를 위해 운동을 한다.

> out이라는 단어 때문에 '스트레스를 풀다'라고 오해할 수 있으나, 이 표현은 스트레스를 받는 상태를 나타냅니다. '스트레스를 풀다'는 relieve stress로 표현합니다.

이렇게 말한다!

Edward	I don't know how you do it. Going to school and working a full time job.	E 난 대체 네가 어떻게 다 하는지 모르겠어. 학교 다니면서 일도 하고.
Bernie	I actually feel completely overwhelmed.	B 나 사실 완전히 부담스러워.
Edward	**You do seem pretty burnt out lately.** Take it easy!	E 안 그래도 요즘 너 완전히 지쳐 보이더라. 쉬엄쉬엄해!

Lesson 11
매일 요가를 해.
I do Yoga every day.

'운동을 하다'라고 할 때 do를 사용할까요, play를 사용할까요?

'운동을 하다'를 표현할 때 사용하는 동사는 그 운동의 종류에 따라 다릅니다. 대표적인 동사로는 do, go, play가 있습니다.

- ex **do** aerobics 에어로빅을 하다
- ex **go** skiing 스키를 타다
- ex **play** soccer 축구를 하다
- ex **do** taekwondo 태권도를 하다
- ex **go** hiking 등산을 하다
- ex **play** baseball 야구를 하다

이것이 포인트!

do, go, play가 어떤 운동을 한다고 할 때 사용되는지 자세히 살펴보겠습니다.

📁 **do** 장비가 필요 없고 주로 혼자 할 수 있는 운동
I **do** yoga every day.   나는 매일 요가를 한다.

📁 **go** 수영처럼 수영장이라는 특정한 장소에 가서 해야 하는 운동
Why don't we **go** swimming tomorrow?
내일 나랑 수영 가는 거 어때?

📁 **play** 테니스처럼 주로 공을 사용하거나 장비가 필요하고 여러 명이 함께하는 운동
We **play** tennis together.   우리는 같이 테니스를 친다.

사람들이 흔히 '헬스를 한다'고 말하는데, '헬스(health)'라는 단어 자체는 영어이지만 '헬스를 하다'에서의 '헬스'와는 의미가 다릅니다. '헬스를 하다'는 work out이라고 해야 옳은 표현입니다. '헬스장'은 fitness center 또는 gym이라고 해야 합니다.

이렇게 말한다!

🎵 MP3 5-11

Susan	How do you stay in shape?	S 다들 체력 관리 어떻게 해요?
Helen	I **work out at the gym** twice a week.	H 저는 일주일에 두 번씩 헬스장에서 운동해요.
David	I **play tennis** regularly.	D 저는 꾸준히 테니스를 치고요.
Kyle	I **go jogging** every morning.	K 저는 매일 아침 조깅을 해요.
Cynthia	I just enjoy watching sports on TV.	C 저는 스포츠는 TV로 보는 것만 즐겨요.

Chapter 5 **Food & Health** · 143

Lesson 12

몸매가 망가졌어.
I'm out of shape.

요즘 관리가 소홀해 '몸매가 망가졌다'라는 말은 어떻게 표현하는 게 맞을까요?

'몸매가 망가졌다'는 말은 bad(나쁜)나 fat(뚱뚱한)이라는 단어가 들어가지 않고, '모양이 망가졌다'는 뜻인 out of shape로 표현합니다. shape라는 단어는 말 그대로 '모양', '몸매'를 지칭합니다. out of는 보통 물건, 전자 제품 등이 망가졌다고 할 때도 사용됩니다.

- ex **I'm a little out of shape.** 나 몸매가 조금 망가졌어.
- ex **The phone's out of order.** 전화기가 망가졌다.

이것이 포인트!

out of shape는 단순히 몸매를 얘기하는 것에만 국한되지 않고 기분이 안 좋은 상태, 스트레스를 많이 받고 있는 상태를 묘사할 때도 사용할 수 있습니다.

His attitude made his parents **out of shape**.
그의 태도는 그의 부모님의 기분을 안 좋게 했다.

---

shape를 사용한 상태 표현
- **in shape** 균형 잡힌 몸매, 관리가 잘된 몸매
- **in good shape** 건강한 몸매, 좋은 몸매
- **in bad shape** 좋지 않은 몸매
- **get in shape** 몸[몸매] 만들기
- **stay in shape** 몸매 관리[유지]하기
- **body shaper** 몸매 보정 속옷

이렇게 말한다!

MP3 5-12

Kyle	Man, **I'm so out of shape**. I really should start training again.
Jake	So what are you going to do?
Kyle	I should go to the gym and jog every morning.
Jake	Wow.

K 나 요즘 몸이 완전 망가졌어. 다시 트레이닝 시작해야 해.
J 그래서 뭘 할 건데?
K 헬스장 가고 아침마다 조깅해야지.
J 대단하다.

Chapter 5 **Food & Health** · 145

Lesson 13

담배 좀 줄여.
You should cut down on smoking.

'담배 좀 줄이는 게 좋을 것 같아'는 어떻게 표현하면 될까요?

'줄이다'는 뜻의 단어로 decrease나 reduce도 있지만, '담배를 줄인다'고 할 때는 cut down on을 써서 표현합니다.

> **ex** I should **cut down on** smoking for my kids.
> 내 아이들을 위해서 나는 담배를 줄여야 한다.

> **ex** **Cutting down on** consumption of carbohydrate is one way to lose weight.
> 탄수화물의 섭취를 줄이는 것은 살을 빼는 한 가지 방법입니다.

이것이 포인트!

cut down on은 음료나 음식의 섭취를 줄인다고 할 때뿐만 아니라 돈의 지출이나 나쁜 습관 등을 줄인다고 할 때도 사용할 수 있습니다.

I need to cut down on salt in my diet.
음식에서 소금을 조금 줄여야겠어.

I need to cut down on my spending.
나 지출을 좀 줄여야겠어.

담배를 줄이는 것이 아니라 아예 '끊어 버린다'고 할 경우에는 어떻게 표현할까요? 이때는 quit을 사용하면 됩니다. quit cold turkey 라고 하면 '담배를 한 번에 딱 끊다'라는 뜻이 됩니다.

Quitting cold turkey is the best way to quit smoking.
담배를 끊는 최고의 방법은 한 번에 끊는 것이다.

이렇게 말한다!

🎵 MP3 5-13

Ellie	Hey, where are you going?	E 어디 가?
Jason	I am going out for a smoke.	J 담배 한 대 피우려고.
Ellie	Again? How many cigarettes do you smoke a day?	E 또? 대체 하루에 얼마나 피워?
Jason	Probably half a pack.	J 아마 반 갑 정도.
Ellie	That's a lot! You should **cut down on smoking**.	E 엄청 많이 피우네! 좀 줄이는 게 좋을 것 같은데.
Jason	I know. But you can't **cut down on smoking**. You just have to quit it cold turkey.	J 알아. 근데 담배는 줄일 수 없어. 그냥 한 번에 끊어야 해.

Chapter 5 **Food & Health** · 147

Culture Talk

영어인 듯 영어 아닌 콩글리시

우리가 흔히 쓰는 콩글리시 중에 외국인들이 가장 당황스러워하는 표현들을 살펴보겠습니다.

cider

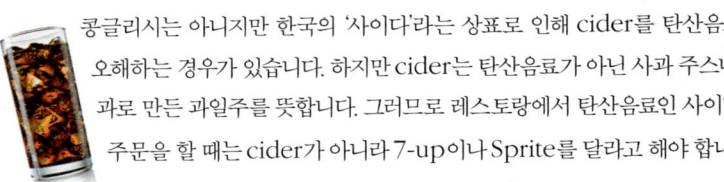

콩글리시는 아니지만 한국의 '사이다'라는 상표로 인해 cider를 탄산음료로 오해하는 경우가 있습니다. 하지만 cider는 탄산음료가 아닌 사과 주스나 사과로 만든 과일주를 뜻합니다. 그러므로 레스토랑에서 탄산음료인 사이다를 주문을 할 때는 cider가 아니라 7-up이나 Sprite를 달라고 해야 합니다.

skin

우리는 화장수를 '스킨'이라고 하지만, skin은 '피부'라는 뜻이기 때문에 올바른 표현이 아닙니다. '스킨'은 skin이 아니라 toner라고 해야 합니다.

rinse

rinse가 '헹구다'인 것은 맞지만, 헤어용품 '린스'는 영어로 conditioner입니다.

one piece

two piece라는 말이 정장의 세트를 나타내긴 하지만, one piece라는 말이 사용되진 않습니다. '원피스'는 dress라고 해야 맞는 표현입니다. 한국에서는 '드레스'라고 하면 화려한 파티 복장을 생각하지만, 우리가 생각하는 '원피스'는 사실 dress라고 칭합니다.

one shot

one shot이라고 하면 외국인들은 보통 '사격에서 쏘는 한 발'을 생각합니다. 우리가 술자리에서 외치는 '원샷'은 Bottoms up!이라고 합니다. 잔을 바닥까지 비우라는 뜻이죠.

Chapter 6

Feelings

Lesson 01

자꾸 깜빡한다니까.
I forget a lot.

'자꾸 깜빡깜빡한다'는 말을 영어로는 뭐라고 할까요?

'깜빡하다', '까먹다', '잊어버리다', '잃어버리다'라고 할 때는 동사 forget을 써서 표현합니다. 노래 가사 중에서도 '나를 잊지 마세요'라는 의미의 Don't forget me 또는 Forget me not과 같은 구절을 자주 접할 수 있죠.

> ex **I forgot** to bring my homework! 숙제를 깜빡하고 안 가지고 왔어요!

이것이 포인트!

'자주 잊어버리는', '생각이 잘 안 나는' 상태일 때는 형용사형인 forgetful을 씁니다. 깜빡깜빡하며 자주 기억을 잃어버리는 증상을 말하죠.

> I'm getting **forgetful** as I get older.
> 나이가 들면서 점점 깜빡깜빡하네.

> I'm so **forgetful**! I need to start writing things down.
> 나 왜 이렇게 잘 까먹지! 이제부터는 좀 적어 놔야겠어.

반대로 기억력이 좋은 사람은 영어로 '코끼리의 기억력을 가지고 있다'라고 표현합니다. have a memory like an elephant라고 하죠.

> My girlfriend **has a memory like an elephant**. She remembers everything I say.
> 내 여자친구는 기억력이 엄청 좋아. 내가 하는 말은 다 기억하고 있어.

이렇게 말한다!

🎧 MP3 6-01

Ellen	Hans, have you seen my glasses?
Hans	They were on the coffee table.
Ellen	Hans, did you pay your phone bill?
Hans	Mom, I told you I did, like three times.
Ellen	Oh, **I'm so forgetful!**

E 한스, 내 안경 못 봤니?
H 거실 탁자 위에 있어요.
E 한스, 너 핸드폰 요금 냈니?
H 엄마, 제가 냈다고 세 번은 말한 것 같은데요.
E 나 왜 이렇게 깜빡깜빡하지!

Lesson 02
정말 부끄러워.
I'm so embarrassed.

'부끄럽고 창피하다'는 것을 나타내는 영어 표현에는 무엇이 있을까요?

'부끄럽다'라는 말을 영어로 할 때 흔히 shy라는 단어를 떠올립니다. shy는 사람의 성격을 묘사하는 말로, 내성적인 사람이 낯을 가려 수줍어하는 것을 가리킵니다. '부끄럽다', '창피하다'라고 말할 때는 embarrassed라고 해야 합니다.

- ex) I'm **shy** to sing in front of other people.
  나는 다른 사람들 앞에서 노래하는 것이 부끄럽다.
- ex) I'm so **embarrassed** to ask this. 이런 거 물어봐서 정말 창피한데.

이것이 포인트!

'부끄럽다'를 의미하는 표현을 좀 더 살펴볼까요?

📁 **ashamed** 내가 한 일에 대한 수치스러움
He saw a kid behind him and felt **ashamed** of what he did.
그는 등 뒤에 어린아이가 있는 걸 보고 자기가 한 행동에 수치심을 느꼈다.

📁 **embarrassed** 곤란한 혹은 당황스러운 일로 인한 창피함
I was **embarrassed** when I realized my t-shirt was on backward.
나는 티셔츠를 거꾸로 입고 있다는 걸 알고 정말 창피했다.

📁 **humiliated** 치욕스럽거나 굴욕감을 느낌
She felt **humiliated** when he rejected her in front of her friends.
그녀는 자기 친구들 앞에서 그에게 거절당하는 순간 치욕스러움을 느꼈다.

이렇게 말한다!

🎧 MP3 6-02

Kay	How was your blind date with Mr. Perfect?	K 어제 완벽남과의 소개팅은 어땠어?
Samantha	It was horrible!	S 완전 망했어!
Kay	Why? What happened?	K 왜? 무슨 일 있었어?
Samantha	I came home and realized I had Panda eyes.	S 집에 와서 보니까 (눈화장이 번져서) 판다 눈을 하고 있더라고.
Kay	Haha, that's cute! Trust me, he will call you.	K 하하, 귀엽네! 내가 장담하는데 그 사람한테 연락 올 거야.
Samantha	Well, even if he does, **I'm too embarrassed** to see him again!	S 연락이 오더라도 창피해서 다시는 못 만날 것 같아!

Lesson 03
내가 해냈어!
I hit a homerun!

I hit a homerun!의 숨은 뜻은 무엇일까요?

야구 경기의 하이라이트는 홈런을 쳤을 때가 아닐까요? I hit a homerun!이라는 표현은 직역하면 '내가 홈런을 쳤다'지만 은유적으로 '내가 어떤 일에서 성공을 이뤄냈다'라는 의미로 쓰입니다.

- ex) He **hit a homerun** as a car salesman.
  그는 자동차 영업사원으로서 큰 성공을 거두었다.

- ex) They **hit a homerun** with their performance.
  그들의 공연은 대단히 성공적이었다.

이것이 포인트!

영어에는 스포츠 중에서도 야구와 관련된 이디엄들이 많이 있습니다. 야구에 빗대어 성공과 실패를 나타내는 표현들을 알아보겠습니다.

'성공'을 homerun으로 표현한다면, 반대로 '실패'는 strike out으로 표현합니다. '수단과 방법을 가리고 않고 성공에 집착하는 경우'를 play hardball이라고 합니다. 또한 big league라고 하면 major league를 뜻하는데, '잘나가는 (큰물에서 노는) 사람'을 의미합니다.

He was **striking out** as a restaurant owner.
그는 레스토랑의 주인으로서 큰 실패를 맛보았다.

He was determined to **play hardball** to secure his promotion.
그는 반드시 승진을 하기 위해 수단과 방법을 가리지 않겠다고 마음을 먹었다.

He is a **big league** lawyer. 그는 잘나가는 변호사다.

이렇게 말한다!

MP3 6-03

Jake	**I hit a homerun!**	J	내가 해냈어!
Gian	Did you get promoted?	G	너 승진했어?
Jake	Yes! Based on my performance from previous quarters.	J	응! 지난 분기들 실적이 좋아서.
Gian	Did you also get a pay raise?	G	급여도 인상됐어?
Jake	Yes, yes!	J	응, 맞아!
Gian	Congratulations! You are in the **big leagues** now.	G	축하해! 너 이제 좀 잘 나간다.

Lesson 04
몸이 좀 안 좋아.
I'm feeling under the weather.

'컨디션이 안 좋다'고 할 때 bad condition이라고 하면 될까요?

컨디션이 안 좋거나 몸이 안 좋다고 할 때 under the weather라는 표현을 많이 씁니다. 그런데 왜 하필 '날씨'라는 뜻의 weather가 들어간 걸까요? 이 표현은 옛날에 배가 주된 교통수단일 때 날씨가 안 좋아 흔들리는 배 위에서 뱃멀미를 하듯 몸 상태가 안 좋다고 말하던 것에서 유래되었습니다.

- ex I think I'm coming down with a cold. I'm **feeling under the weather**.
  나 감기가 오는 것 같아. 몸이 안 좋아.

- ex He called in sick telling me he is **feeling a bit under the weather**.
  그분 오늘 컨디션이 안 좋고 몸이 아프다고 연락 왔어요.

이것이 포인트!

'몸이 안 좋다'고 할 때 다음과 같은 표현도 쓸 수 있습니다.

📁 **coming down with a cold/flu** 감기 몸살이 오다, 몸의 컨디션이 다운되다

I think I'm **coming down with a cold**.
나 감기 몸살이 오는 것 같아.

📁 **blue/gray** 기분이 우울하다

I'm feeling **blue**. It must be the gloomy weather.
우울하네. 아무래도 우중충한 날씨 때문인 것 같아.

> 영어에서 색깔이 기분을 나타내기도 하는데, blue나 gray는 '우울한' 상태를 나타냅니다.

이렇게 말한다!

🎧 MP3 6-04

Melanie	Hey, are you okay? You don't look so good.
Cathy	No, not at all. **I am feeling under the weather**.
Melanie	Oh, you poor thing. Would you like something to drink?
Cathy	Yes. Thank you.
Melanie	Don't stress out too much. You'll make yourself worse.

M 너, 괜찮아? 안색이 안 좋아 보여.
C 아니, 전혀. 나 컨디션이 안 좋아.
M 어휴. 마실 거라도 줄까?
C 그래. 고마워.
M 너무 스트레스 받지 마. 너만 더 힘들어질 거야.

Lesson 05
파이팅!
Cheer up!

'파이팅!'은 영어로 어떻게 표현하면 될까요?

'힘내'라는 의미로 쓰이는 '파이팅!'은 대표적인 콩글리시 중 하나입니다. Fighting!이라고 하면 '싸우고 있다'라는 엉터리 표현이 됩니다. '힘내'라고 응원할 때는 Cheer up!이라고 말하는 것이 적절합니다.

- ex **Cheer up!** 힘내!
- ex **I'm cheering for Team Yonsei.** 나는 연세대 팀을 응원하고 있어.

이것이 포인트!

기분이 좋거나 나쁠 때 up이나 down을 써서 말하기도 하죠? up은 '힘내'라는 표현들을 완성할 때 꼭 필요한 말입니다.

📁 **Cheer up!** 내가 응원해 줄게!, 힘내!
Cheer up! Tomorrow is a new day.
기운 내! 내일은 새로운 하루니까.

📁 **Keep your chin up!**
아무리 힘들어도 등을 펴고 머리를 들고 당당해지라는 의미
Keep your chin up! You did your best!
힘내! 넌 최선을 다했어!

📁 **Keep your head above water!**
물에 가라앉지 않도록 힘을 내서 현상 유지만이라도 하라는 의미
Keep your head above water! It will be better.
힘내! 곧 괜찮아질 거야.

이렇게 말한다!

🎧 MP3 6-05

Greg	How was the interview?
Joy	I don't know. I was really nervous.
Greg	I'm sure you weren't the only one.
Joy	Man, I really need this job. I'm barely **keeping my head above water**.
Greg	Hang in there. You will hear back from them soon.

G 인터뷰는 어땠어?
J 잘 모르겠어. 긴장을 많이 했거든.
G 너만 그랬던 건 아닐 거야.
J 나 정말 취직해야 해. 지금도 정말 간신히 먹고살고 있어.
G 힘내. 조만간 연락이 올 거야.

Lesson 06
가슴이 찢어질 것 같아.
I'm heartbroken.

가슴이 아플 정도로 슬픈 상태를 영어로는 어떻게 표현할까요?

heart는 '마음'이라기보단 '심장'이란 표현이 적절할 것입니다. 그런데 심장이 broken, 깨지거나 망가졌을 정도니 얼마나 슬픈 심정일까요? I'm heartbroken은 '가슴이 찢어질 정도로 아프다'는 뜻으로 극한의 슬픔을 나타내는 표현입니다.

- ex She is **heartbroken** that she can't see him any more.
  그녀는 그를 다시 볼 수 없어서 마음이 찢어졌다.
- ex The movie was **heart-breaking.** 그 영화는 정말 슬펐다.

이것이 포인트!

'두통'이라는 뜻의 단어인 headache를 살펴보면, '머리'를 나타내는 head와 '통증'을 나타내는 ache로 구성되어 있습니다. '마음의 병', '심적 고통'도 같은 식으로 heartache라고 표현할 수 있습니다.

We've all had a heartache.
우리는 모두 마음의 고통을 가지고 있다.

비슷한 표현을 몇 가지 더 살펴보겠습니다. agony는 '정신적, 육체적 고통'을 의미합니다. grief는 죽음 등으로 인한 '비탄'을, sorrow는 '비애'를 나타냅니다. 또한 '충격을 받아 고통과 슬픔에 빠져 있는' 상태는 devastated라고 합니다.

The music is rather sorrowful. 음악이 참 처량하네요.
She was devastated after the death of her grandmother.
그녀는 할머니의 죽음 후 엄청난 고통과 슬픔에 빠져 있었다.

이렇게 말한다!

MP3 6-06

Michelle	What's wrong?	M 무슨 일 있어?
May	My boyfriend broke up with me.	M 남자친구랑 헤어졌어.
Michelle	What? Why?	M 뭐? 왜?
May	Apparently, he's been seeing someone else.	M 다른 사람을 만나고 있었더라고.
Michelle	My god! **You must be heartbroken.**	M 세상에! 너 정말 마음이 아프겠다.
May	I am… Will he ever come back?	M 응… 그가 다시 돌아올까?

Lesson 07

입장 바꿔 생각해 봐.
Put yourself in my shoes.

'내 입장에서 생각해 봐'는 영어로 어떻게 표현할까요?

Try to put yourself in my shoes.

I'm sorry.

Put yourself in my shoes는 '내 신발을 신고 내 입장에서 생각해 봐', 즉 '입장을 바꿔서 생각해 봐'라는 뜻입니다. 종종 shoes 대신 place나 position을 쓰기도 합니다.

- ex You should **put yourself in my shoes**. 너는 내 입장에서 생각을 해 봐야 해.
- ex **Put yourself in someone's shoes** before you step on them.
  그 사람을 무시하기 전에 다른 사람의 입장에서 먼저 생각해 보세요.

이것이 포인트!

영어에선 shoes나 place가 '입장', '자신의 위치'를 나타내기도 합니다.

📁 **know one's place** 자기 자신의 위치를 알다
(자기에게 주어진 역할을 알고 있고 이에 안주하고 있다는 의미)
I just come to work and do as I am told because I **know my place**.
나는 출근해서 시키는 일만 해. 왜냐하면 내 위치를 정확하게 알기 때문이지.

📁 **fill someone's shoes**
어떤 사람을 대신해 업무를 수행하다, 어떤 사람의 후임으로 그 자리를 맡게 되다
She is expected to **fill John's shoes** when he retires next year.
그녀는 내년에 존이 퇴직하면 그의 자리를 맡게 될 거라고 알고 있다.

이렇게 말한다!

🎵 MP3 6-07

Rick	Did you like the movie?
Diane	The movie was okay, but I couldn't agree with what the protagonist did.
Rick	Why?
Diane	I don't think it's right to run away from your problems.
Rick	But try to **put yourself in her shoes**. What would you have done?

R 영화 재미있게 봤어?
D 영화는 괜찮았는데, 주인공에게는 공감할 수 없었어.
R 왜?
D 나는 자신의 문제로부터 도망치는 게 옳지 않다고 생각해.
R 하지만 저 여자 입장에서 생각해 봐. 너라면 어떻게 했을 것 같은데?

Lesson 08
당연하게 생각하지 마.
Don't take me for granted.

사랑싸움에 흔히 등장하는 말이 있습니다. Don't take me for granted! 이 말은 과연 무슨 뜻일까요?

사랑 노래나 연인들의 사랑싸움에서 자주 등장하는 표현인 Don't take me for granted!는 '나를 당연한 존재로 생각하지 마'라는 뜻입니다.

- ex **Don't take me for granted.** 내 호의를 당연하게 생각하지 말아 줘.
- ex **People take clean water for granted.** 사람들은 깨끗한 물의 소중함을 모른다.

이것이 포인트!

take ~ for granted는 누군가를 혹은 어떤 것을 당연하게 받아들여서 그 소중함을 망각하는 것을 말합니다.

> granted가 명사형 grant로 사용될 경우엔 '연구 비용' 등을 나타내기도 합니다.

We take clean water for granted.
우리는 깨끗한 물을 당연시 여긴다.

'감사하는', '고마워하는' 마음은 grateful이라는 단어로 표현합니다.

I am grateful to have you in my life.
나는 당신이 내 인생에 있다는 거에 정말 감사해요.

이렇게 말한다!

🎧 MP3 6-08

Blaire	Jason, we need to talk.	B 제이슨, 우리 얘기 좀 해.
Jason	Oh… Did I do something wrong?	J 어… 내가 뭐 잘못했어?
Blaire	I think **you take me for granted**, Jason.	B 자기는 나의 존재(사랑)를 너무 당연히 생각하는 것 같아.
Jason	Blaire… you know that's not true.	J 블레어… 아닌 거 알잖아.
Blaire	I know you are busy with work but I still feel very neglected.	B 자기 일 때문에 바쁜 건 알지만 나 굉장히 서운해.
Jason	What can I do to make things better?	J 내가 대체 어떻게 하면 좋아질 수 있을까?

Lesson 09

웃겨서 죽을 뻔했어.
It cracked me up.

'웃겨 죽을 뻔했어'를 영어로 하면?

crack에는 '부서지다'라는 뜻이 있는데, crack up이라고 하면 요즘 표현으로 '빵 터지다', '박장대소하다'라는 말입니다. '웃긴'이라는 뜻의 funny보다 다소 격양된, very funny 혹은 hilarious와 조금 더 비슷한 뉘앙스의 표현입니다.

- ex **It cracked me up.** 웃겨서 죽을 뻔했어.
- ex *Family Guy* always **cracks me up.** 〈패밀리 가이(미국 TV 애니매이션)〉는 진짜 웃겨.

이것이 포인트!

'웃기다'라는 의미로 crack up 표현을 쓸 때는 crack someone up의 형태가 되어야 합니다. crack something up이라고 하면 뭔가를 '깨트리다'라는 뜻으로, 전혀 다른 의미가 되어 버립니다.

The movie was hilarious. It cracked me up.
영화 진짜 웃겼어. 나 완전 빵 터졌잖아.

'못 참고 웃다'는 break out laughing 또는 burst out laughing 이라고 합니다. 얼굴의 근육이 풀어지면서 웃는 모습을 연상하면 이해하기 쉬울 것입니다.

He burst out laughing in the middle of the exam.
그는 시험 중간에 웃음을 참지 못하고 터트렸다.

이렇게 말한다!

MP3 6-09

Nathalie	What's so funny?	N 뭐가 그렇게 웃겨?
Dominic	Oh, this is hilarious! You have to check this out.	D 아, 이거 정말 웃겨! 꼭 봐야 해.
Nathalie	Isn't he a stand-up comedian?	N 이 사람 스탠드 업 코미디언 아니야?
Dominic	He is. This is probably his best. **It cracked up me.**	D 맞아. 이게 아마 이 사람 최고의 영상일 거야. 나 완전 빵 터졌잖아.

Lesson 10

고소 공포증이 있어.
I'm afraid of heights.

'고소 공포증'은 영어로 어떻게 표현할까요?

'공포' 하면 가장 먼저 떠오르는 단어는 scare이나 scary일 것입니다. scare 역시 afraid와 같은 사용법을 가지고 있지만 어떤 대상/사물 등에 대한 공포증을 이야기할 때는 afraid of라고 표현합니다.

- ex **Zombies are scary.** 좀비는 무섭다.
- ex **I'm afraid of the dark.** 나는 어두움에 공포를 느낀다.

이것이 포인트!

'공포', '두려움'을 표현하는 단어들을 좀 더 살펴보겠습니다.

📁 **fear** 어떤 것을 무서워하다

He was **feared** by many people. 사람들은 그를 무서워했다.

📁 **frighten** 겁먹게 만들다

The sound effects of the movie **frightened** me.
영화의 음향 효과가 나를 무섭게 만들었다.

📁 **horrible / horrified** 끔찍하고 소름끼치는

The movie was **horrible**.
그 영화는 소름 끼칠 정도로 나빴다.

I was **horrified** to hear stories about the incident.
그 사건에 대한 얘기들은 정말 끔찍했다.

이렇게 말한다!

🎧 MP3 6-10

Courtney	Let's go bungee jumping!	C 우리 번지 점프 하러 가자!
Max	But **I am afraid of heights**…	M 나 고소공포증이 있는데….
Courtney	Come on. Don't be a chicken*!	C 왜 그래. 겁쟁이처럼 그러지 마!
Max	No no no, you don't understand. **I am really really afraid of heights**.	M 아냐 아냐 아냐. 넌 이해 못 하겠지만 난 고소공포증이 진짜 심해.

*chicken 겁쟁이

Lesson 11

정말 피곤한 하루였어.
I had a long day.

영어로 '긴 하루' long day가 가지고 있는 의미는 무엇일까요?

하루가 길다는 건 그만큼 육체적으로 피곤한 상태이며, 또한 정신적으로도 피곤한 일들이 많았던 것을 말합니다.

- **I had a long day. I am so tired.** 긴 하루였어. 너무 피곤하다.
- **I had a long day** and I don't want to talk about it.
  긴 하루였어. 그리고 별로 (그것에 대해서) 말하고 싶지 않아.

이것이 포인트!

피곤함을 나타내는 표현에는 여러 가지가 있습니다.

📁 **I'm beat.** 온몸이 맞은 것처럼 피곤하다.
  I'm totally **beat**. 나 온몸이 맞은 것처럼 너무 피곤해.

📁 **dead-tired** 죽을 만큼 피곤한 상태인, 녹초가 될 정도로 지친
  I'm **dead-tired** after cycling.
  자전거 타고 나서 나는 정말 녹초가 되었다.

📁 **drained out** 진이 다 빠진
  worn out '육체적·정신적으로 지친'
  I'm mentally **drained out** after writing a 3 hour exam.
  3시간짜리 시험을 치르니 정신적으로 진이 다 빠진 것 같다.
  I need to take a break. I'm worn out.
  난 휴식이 필요해. 완전히 지쳤어.

이렇게 말한다!

🎧 MP3 6-11

Wife	Can you take a look at this?
Husband	Honey, **I had a long day** at work. Can we do this tomorrow?
Wife	Is everything okay?
Husband	I'm completely exhausted. The new business project has kept me up for days.

W 이것 좀 봐 봐.
H 여보, 내가 오늘은 정말 힘들어서 그런데 내일 하면 안 될까?
W 무슨 일 있었어?
H 내가 진이 다 빠져서 그래. 새로운 사업 프로젝트 때문에 며칠을 못 잤어.

Lesson 12

잘 생각해 봐.
You should sleep on it.

'잘 생각해 봐'라고 말하고 싶을 때 뭐라고 하면 될까요?

'잘 생각해 봐'를 think deep, think hard, think careful 등으로 잘못 표현하는 경우가 많습니다. 아무래도 '생각하다'라는 단어인 think가 문장에 들어가야 한다고 생각하기 때문인 것 같습니다. 이럴 때 쓰는 영어 표현은 You should sleep on it입니다. 한숨 자고 일어나서 다시 한번 잘 생각해 보라는 뜻이죠.

- ex) Why don't you **sleep on it** and tell me what you want to do tomorrow.
  한번 잘 생각해 보고 내일 나한테 어떻게 하고 싶은지 말해 줘.
- ex) Sometimes it's better to **sleep on it** rather than constantly worrying about it. 가끔은 계속 걱정하는 것보단 한숨 자고 일어나서 생각해 보는 게 나아.

이것이 포인트!

sleep on it은 '곰곰이 생각해 보다', '생각해 볼 시간을 가지다'라는 뜻입니다. '고민거리로 잠을 설치다', '걱정이 되서 잠을 못 자다'는 lose sleep over라고 하면 됩니다.

Don't lose your sleep over something so silly.
바보 같은 일 때문에 잠을 설치지 마세요.

---

sleep 관용 표현

- **sleep in** 늦잠을 자다
  - He slept in till noon. 그는 정오까지 늦잠을 잤어요.
- **sleep over** 남의 집에서 자다
  - He slept over last night. 그는 어제 외박을 했어요.
- **sleep through** 어떠한 일을 놓치고 잠을 자다
  - He slept through alarm. 그는 알람 울리는 것도 모른 체 잤다.

이렇게 말한다!

🎵 MP3 6-12

Bernie	What do you think I should do, Michelle?	B 미셸, 나 도대체 어떻게 해야 할까?
Michelle	Good question. I think you should move closer to work.	M 그러게 말이다. 회사 근처로 이사 가는 게 좋을 것 같은데.
Bernie	I know I can save time but I will end up paying higher rent.	B 나도 아는데, 시간은 벌겠지만 월세는 더 많이 내게 생겨서.
Michelle	**Sleep on it**. You still have a couple more weeks to decide.	M 잘 생각해 봐. 아직 결정해야 하기까지 몇 주 남았잖아.

Chapter 7

Opinions

Lesson 01

팟캐스트 보자.
Why don't we watch a podcast?

권유의 표현에는 어떤 것들이 있을까요?

'~하자'고 할 때 Let's나 Why don't you~? 등의 패턴을 쓰기도 하고, 조동사로 권유 표현을 만들기도 합니다. 영어라는 언어가 가지고 있는 특성상 권유 표현들이 정말 다양합니다. 조금은 부드럽게 다른 사람의 의사를 물어 강압적인 느낌을 주지 않기 위해서이지요.

- ex **Let's** go to the mall on Sunday. 우리 일요일에 쇼핑몰 가자.
- ex **Why don't we** take an icebox to the picnic?
  피크닉에 아이스박스를 가져가는 게 어떨까?

이것이 포인트!

다양한 권유 표현들을 살펴봅시다.

- **Why don't you/we ~?** 공손한 제안
  Why don't we get lunch? 같이 점심 하는 거 어때?

- **Let's ~** 적극적인 제안
  Let's go play a game. 게임하러 가자.

- **How/What about -ing?** 조심스러운 제안
  How about shopping for some new shoes?
  새 신발을 사러 가면 어떨까?

- **could/should + 동사원형**
  You **could learn** a new language.
  새로운 언어를 배워볼 수도 있지.

- **I suggest ~**
  I suggest you talk to your roommate about it.
  내 생각엔 너의 룸메이트랑 한번 얘기를 해 봐야 할 것 같아.

이렇게 말한다!

MP3 7-01

Gian	I am a little nervous about my presentation. Any advice?	G 프레젠테이션 때문에 조금 긴장되네. 좋은 방법이 없을까?
Jake	Ok. I have an idea. Do you have the script ready? Then **why don't you try videotaping yourself?**	J 그럼. 나한테 좋은 생각이 있어. 대본은 준비됐어? 그럼 한번 연습 영상을 촬영해 보는 건 어때?
Gian	Now, you are making me really nervous.	G 덕분에 더 긴장된다.

Chapter 7 Opinions · 179

Lesson 02
내 취향이 아니야.
It's not my cup of tea.

It's not my cup of tea는 내가 주문한 차가 아니라는 뜻일까요?

It's not my cup of tea는 '내 취향은 아니다'라는 뜻입니다. '입맛'은 taste, '취향'은 preference로만 생각하고 계셨다면 다소 생소할 수 있는데, 내 입맛에 잘 안 맞는 차처럼 내가 별로 좋아하는 게 아니라는 걸 표현합니다.

- ex This candy is too sweet. It's **not my cup of tea**.
  이 사탕은 너무 달아. 내 취향은 아니야.
- ex Heavy Metal **isn't my cup of tea**. 헤비메탈은 내 취향이 아니야.

이것이 포인트!

보통 취향에 대해 이야기할 때 제일 먼저 생각나는 단어는 like일 것입니다. **뭔가를 '좋아한다'고 말할 때는 I like ~, '안 좋아한다'고 말할 때는 I don't like ~라고 하죠. 이보다 더 강하게 표현할 때는 I love ~(아주 좋아하다)와 I hate ~(싫어하다)를 씁니다.**

I like being at home on the weekends.
나는 주말에 집에 있는 것을 좋아한다.
I hate doing chores.   나는 집안일 하는 것을 싫어한다.

'A보다 B를 더 좋아하다'라고 말할 때는 I prefer B to A라고 표현합니다.

I prefer tea **to** coffee.   나는 커피보다는 차를 더 좋아한다.

> prefer는 보통 두 가지 대상을 비교할 때 쓰는 동사입니다. I prefer it.이나 It's not my preference.와 같이 잘못 쓰지 않도록 주의하세요.

이렇게 말한다!

🎧 MP3 7-02

Christie	I love her voice. Can we turn up the volume?	C 이 여자 목소리 너무 좋다. 소리 좀 크게 틀면 안 될까?
Chris	Really? **Jazz is not my cup of tea.** It's too mellow.	C 정말? 난 재즈는 별로야. 너무 부드러워서.
Christie	Then what do you listen to?	C 그럼 넌 뭐 듣는데?
Chris	Something much more powerful like heavy metal and rock.	C 뭔가 조금 더 파워풀한 헤비메탈이나 록.
Christie	I'm surprised. I thought you play classical piano.	C 놀라운데. 난 네가 클래식 피아노를 연주한다고 알고 있었는데.
Chris	I did.	C 그랬었지.

Lesson 03

머리를 맞대고 생각해 보자.
Let's put our heads together.

'머리를 맞대고 생각해 보자'를 영작할 때 heads까지는 알겠는데 '맞대다'에서 헷갈리시죠?

We need to put our heads together.

I agree with you.

put together는 '모으다', '구성하다', '조립하다'라는 뜻으로, 아이디어 회의를 하거나 문제 해결을 위해 여러 사람이 같이 고민하고 함께 방법을 모색할 때 쓰이는 표현입니다.

- ex **Let's put our heads together** and try to come up with better ways to manage our budget.
  다 같이 머리를 맞대고 예산을 조금 더 잘 관리하는 방법을 생각해 보죠.
- ex We need to **put our heads together**. 같이 한번 고민해 봐야 할 것 같아요.

이것이 포인트!

비슷한 표현으로 Two heads are better than one이 있습니다. 직역하면 '두 개의 머리가 하나의 머리보다 낫다'로, 혼자보다는 여럿이 같이 생각해서 방법을 찾는 게 좋다는 의미입니다. 한국 속담 중에 '백지장도 맞들면 낫다'에 해당하는 표현이라고 할 수 있습니다.

I will help you with your proposal. Two heads are better than one.
내가 기획서 완성하는 거 도와줄게요. 아무래도 혼자 하는 것보단 둘이 하는 게 낫죠.

head가 들어가는 표현 하나 더 알아두세요. turn heads는 '머리를 돌리다'가 아니라 '고개가 돌아갈 정도로 관심이 가다'라는 뜻입니다.

His new sports car turned heads wherever he went.
그의 새로운 스포츠카는 어딜 가나 사람들의 시선을 집중시켰다.

이렇게 말한다!

MP3 7-03

Manager	Team, I need the new business proposal by Friday.	M 여러분, 금요일까지 새로운 사업 기획서를 완성시켜 주세요.
Employee 1	Can we make that our priority? So we can all **put our heads together**?	E1 그럼 기획안을 최우선으로 잡고 일할까요? 다 같이 할 수 있게 말이죠.
Manager	Sure.	M 그래요.
Employee 2	Yes, **two heads are better than one**.	E2 네, 한 사람보다 여러 사람이 함께 하는 게 더 낫죠.
Manager	Definitely. This is a high stakes project.	M 그럼요. 이번 기획안에 많은 게 걸려 있어요.

Lesson 04

잘 하고 있어.
You are on the right track.

'어떤 일을 잘하고 있다'는 어떻게 표현할까요?

on the right track은 '어떤 일을 맞게 하고 있는', '제대로 진행시키고 있는'이라는 뜻입니다.

- **ex** I just want to make sure all of you are **on the right track**.
  모두들 제대로 하고 있는지 확인하고 싶어요.
- **ex** Keep at it. You are **on the right track**.
  계속 열심히 해 주세요. 잘 하고 있습니다.

이것이 포인트!

반대로 on the wrong track이라고 하면 '잘못 이해한 상태에서 일을 진행하고 있는'이라는 뜻이 됩니다. '주제에서 벗어나 잘못된 방향으로 가다'는 go off track이라고 합니다.

I'm afraid you are on the wrong track.
유감스럽지만 잘못 이해하신 것 같아요. (잘못된 방향으로 하고 있는 것 같아요.)

The time is limited. We can't afford to go off track now.
시간이 촉박해요. (대화의) 주제에서 벗어날 시간이 없어요.

이 책에서 소개되었던 lost track (of time) 역시 '트랙에서 벗어나 깜빡하는 것', '본질에서 떨어져 버린 상태' 등을 말합니다.

> 112쪽에서 배웠던 lost track of time 기억 나시나요? '시간 가는 줄 모르다'라는 뜻이었죠.

I've lost track of the time painting the wall.
벽에 페인트칠 하느라 시간 가는 줄 몰랐어요.

이렇게 말한다!

🎧 MP3 7-04

Teacher	Please make your outline and submit it.	T 개요를 만들어 제출해 주세요.
Student	Today?	S 오늘이요?
Teacher	Yes. So I can check and make sure all of you are **on the right track**.	T 네. 그래야 제가 다들 이해를 하고, 제대로 하고 있는지 확인할 수 있으니까요.

Lesson 05
동감이야.
That makes two of us.

'동감이다'는 영어로 어떻게 표현할까요?

'동감이다'라고 할 때 That makes two of us라고 합니다. 이 표현은 '너만 그런 게 아니라 나도 마찬가지야'라는 걸 말해 줍니다. I agree with you보다는 조금 더 친밀한 관계에서 쓰입니다.

> ex) Did you enjoy the movie? 영화 재미있게 봤어?
> No, I thought it was boring. 아니, 좀 지루한 것 같다고 생각했어.
> Well, that makes two of us. 나도 그랬어. (동감이야.)

이것이 포인트!

two라는 단어로 동질감을 나타내는 다른 표현으로 It takes two to tango가 있습니다. 탱고를 추려면 두 사람이 필요하듯이 '손바닥도 마주쳐야 소리가 난다'는 뜻입니다.

> You can't blame her for their affair. **It takes two to tango**.
> 그들의 불륜을 그녀 잘못이라고는 할 수 없어. 손바닥도 맞아야 소리가 나는 법인걸.

'두 사람이 비슷하다'는 표현 역시 two가 들어가 two of a kind라고 합니다.

> They are **two of a kind**. Both of them are quite artistic. One is a musician and the other one is a painter.
> 저 둘은 정말 똑같아요. 둘 다 예술적인 감각이 있는데, 한 명은 음악을 하고 한 명은 그림을 그린답니다.

> one of a kind라고 하면 '유일무이한 특별한 존재'를 의미합니다.

이렇게 말한다!

MP3 7-05

Hank	Did you watch the new super hero movie?	H 새로 나온 슈퍼 히어로 영화 봤어?
Hans	I did. Did you?	H 응. 너는?
Hank	I did too. Did you like it?	H 나도, 재미있었어?
Hans	No, not at all. It was too typical.	H 아니, 전혀. 굉장히 뻔했어.
Hank	**That makes two of us**. It was just like any other super hero movie I've seen.	H 동감이야. 지금까지 나온 슈퍼 히어로 영화들과 다를 게 없었어.

Lesson 06
내가 다 알아서 하고 있어.
Everything is under control.

'알아서 잘 하고 있다'는 영어로 어떻게 표현할까요?

'관리가 잘 되어 아무런 문제가 없다'고 말할 때는 '통제하다', '관리하다'라는 뜻의 control을 사용해서 get[have] something under control이라고 표현합니다.

- ex) Do not worry. Your infection is **under control** so you should recover soon.
  걱정 마세요. 환자분의 병은 지금 관리가 잘 되고 있어서 조만간 회복하실 거예요.

- ex) The fire fighters have the blaze **under control**.
  소방관들이 화재(불길)를 진압했다.

이것이 포인트!

in control, under control, 그리고 out of control의 차이를 살펴볼까요?

📁 **be in control** 책임을 맡고 있다
　　Who **is in control** of the department?
　　부서의 책임자는 누구죠?

📁 **be under control** 잘 관리되다, 통제 하에 있다
　　The project **is** well **under control**.
　　프로젝트는 지금 잘 진행되고 있습니다.

📁 **be out of control** 통제가 불가능한 상황이다
　　Oh no, the crowd is completely **out of control**.
　　They are all rushing towards the gate.
　　어쩌죠. 관중이 완전히 통제불능이에요. 모두가 게이트 쪽으로 달려 나가고 있어요.

이렇게 말한다!

MP3 7-06

Wife	Hey honey, how is everything at home?	W 자기, 집에는 별일 없어요?
Husband	Oh, hey honey. How is your vacation?	H 오, 자기. 휴가는 어때요?
Wife	Are the kids in bed yet?	W 애들은 재웠어요?
Husband	Haha. Yes they are. **I've got everything under control** here. So stop worrying and just enjoy yourself there.	H 하하. 재웠어요. 내가 다 알아서 하고 있어요. 그러니 걱정 그만하고 좀 즐기다 와요.

Lesson 07
뭔지 정확히는 모르겠지만…
I can't put my finger on it.

무슨 일인지 정확하게 짚을 수 없을 때… 한국어로도 표현하기 힘든 이 상황을 영어로는 대체 어떻게 표현하면 될까요?

'정확한 이유나 원인 등을 찾다'는 put my finger on something이라고 합니다. 알 것 같은데 정확하게 알 수 없어 마치 손가락으로 딱 꼬집어 가리킬 수 없음을 나타낸 표현이죠.

- ex) There is something odd about his story. But I can't **put my finger on** it.
  저 사람의 스토리가 무언가 조금 이상해. 근데 그게 무엇인지 잘 모르겠단 말이야.

- ex) I think you've just **put your finger on** the biggest problem with the new policy.
  새로운 정책에 가장 큰 문제점을 잘 짚으신 것 같은데요.

이것이 포인트!

finger를 사용하는 다른 표현으로 to point finger at도 있습니다. 손가락으로 가리키는 장면을 연상시키는 이 표현은 '남한테 잘못을 돌리다', '남의 탓을 하다'라는 뜻입니다. 어떤 사람에게 일의 잘못이나 책임을 돌리는 것을 말합니다.

> Don't **point** your **finger at** me. I didn't steal your wallet.
> 나한테 손가락질하지 마요. 난 당신의 지갑을 훔치지 않았어요.

손가락에 관련된 관용 표현

- **thumbs up** 최고다, 좋다는 의미로 만족의 뜻
  > Our presentation got thumbs up from the audience.
  > 우리의 프레젠테이션은 군중들로부터 찬사를 받았다.
- **thumbs down** 나쁘다는 의미로 불만의 뜻
  > I'll give the concert thumbs down.
  > 나는 그 음악회가 별로였어.

이렇게 말한다!

MP3 7-07

Assistant	Hmm... His story was flawless...	A 흠… 그의 이야기는 완벽했는데….
Detective	I know... **I can't put my finger on it** but there is something odd about his behavior.	D 그러니까…. 도대체 뭔지는 모르겠지만, 저 사람의 행동은 확실히 수상해.
Assistant	What should we do? We can't just point the finger at him.	A 어떻게 할까요? 무작정 범죄자로 몰 수도 없는데.
Detective	Of course not.	D 그건 안 되죠.

Lesson 08
네가 뭐라고 했는지 다 말해 줬어.
He told me what you said.

'말하다'라는 동사 say, tell, talk의 차이를 아시나요?

한국어로는 모두 '말하다'이지만 사용하는 상황이나 쓰임이 전부 다릅니다. '말하다'라는 뜻의 say, tell, talk를 사용할 때는 듣는 대상이 있는지, 남의 말을 인용해야 하는지, 대화를 나누고 있는지 등을 생각하여 적절한 표현을 사용해야 합니다.

- ex She **told** me what you said earlier.
  그녀가 당신이 아까 뭐라고 했는지 말해 줬어요.
- ex We **talked** about what her neighbor told her about the haunted house.
  우리는 그녀의 이웃들이 말해 준 폐가에 대해서 이야기했다.

이것이 포인트!

동사 say, tell, talk의 사용법을 조금 더 자세히 들여다보겠습니다.

📁 **say** 남의 말을 인용할 때, 남이 한 말을 다시 말할 때
She **said** he wasn't her type.
그녀가 그는 자기 타입이 아니라고 말했어.

📁 **tell** 듣는 대상이 있는 상태에서 말을 할 때
She **told** me a story about her childhood.
그녀는 나에게 자신의 어린 시절에 대한 이야기를 해 주었다.

📁 **talk** 대화 상황에 초점을 맞춰 두 사람이 나눈 이야기를 말할 때
We **talked** about adopting a cat.
우리는 고양이를 입양하는 것에 대해 이야기를 나눴다.

이렇게 말한다!

🎵 MP3 7-08

Barbara	Susan **told** me what you said earlier.	B 수잔이 네가 아까 뭐라고 했는지 말해 줬어.
Helen	Oh, did she? But it's true. I saw the same bag for half the price at the mall!	H 그래? 그런데 사실이야. 내가 쇼핑몰에서 똑같은 가방을 반값에 팔고 있는 거 봤거든!
Barbara	Maybe that was a fake.	B 그럼 그건 모조품이겠지.
Helen	Maybe. But who can tell, right?	H 그럴지도. 하지만 누가 알겠어.
Barbara	Well, I can!	B 나는 알거든!

Lesson 09

나 좀 빼 줘.
Leave me out of it.

'나는 좀 빼 줘요'를 영어로 말하면 어떻게 될까요?

'나는 좀 빼 줘요'를 영어로 말할 때 흔히 remove나 without을 생각합니다. 하지만 '가만히 두다'라는 의미를 가진 leave를 활용해 Leave me out of it이라고 표현해야 합니다.

- ex Can you please **leave me alone**? 제발 나 좀 혼자 놔둘래?
- ex It's okay if you two argue but just **leave me out of it**.
  너희 둘이 싸우는 건 괜찮은데 제발 나는 좀 빼 줘.

이것이 포인트!

보다 극단적으로 어떤 사람을 완전히 배제하거나 어떤 일에 참여를 못하게 하는 것을 leave somebody out in the cold라고 합니다. 이 표현은 추위에 덩그러니 내던져진 모습을 연상시킵니다.

> **Single mothers felt the new policy left them out in the cold.**
> 미혼모들은 새로운 정책이 자신들을 완전히 배제했다고 느꼈다.

leave someone or something behind는 '까먹고 놓고 가거나 두고 오는 것'을 의미합니다.

> **Oh my god, I left my camera behind!**
> 어머 세상에, 카메라를 두고 왔어!
>
> **Don't leave me behind.**
> (뒤처져 가는 경우) 나만 두고 가지 마세요.

이렇게 말한다!

MP3 7-09

John	Do you guys want to go watch a movie tonight?	J 얘들아, 저녁에 영화 보러 갈래?
Larry	Sure. I'm free.	L 그래. 난 시간 돼.
John	Sam, you are coming with us, right?	J 샘(사만다의 애칭), 너도 올 거지?
Samantha	No, please **leave me out of it**. I have too much to do tonight.	S 아니, 제발 나는 빼 줘. 오늘은 할 일이 정말 많아.
Larry	Just come out for dinner then.	L 그러면 저녁만 먹자.
Samantha	Thank you but no thank you.	S 고마운데 사양할게.

 **Culture** Talk

리스닝 잘하는 법

대화라는 것은 혼자 하는 게 아니기 때문에 말을 잘 하려면 듣기도 잘해야 합니다. 듣기는 발음과 억양의 교정에 큰 영향을 줄 수 있기 때문입니다. 잘못된 발음과 억양이 나의 리스닝을 방해할 수 있기 때문에 더 신경 써야 합니다. 그렇다면 이렇게 중요한 리스닝을 어떻게 훈련하는 게 좋을까요? 여기에서는 혼자 할 수 있는 귀를 열어 주는 훈련법을 소개해 보려고 합니다. 흔히 하루에 한 시간씩 단어를 외우거나 문법 공부를 하는 사람은 많지만, 하루에 한 시간씩 시간을 내어 리스닝을 한다는 사람은 찾기 힘들 것입니다.

낯선 소리에 귀가 트이는 것은 하루아침에 이루어질 수 없기 때문에 소리의 노출에 필요한 시간 투자와 인내심이 필요합니다. 그러니 지금부터 하루에 20분씩이라도 시간을 투자해 보세요. 초급이나 중급자에게는 교재에 포함되어 있는 MP3 파일만큼 좋은 자료는 없답니다. 교재의 특성상 그 안에 포함되어 있는 리스닝은 리스닝 훈련을 위해 만들어져 있기 때문입니다.

미드나 CNN 뉴스 등이 더 흥미로울 수 있지만, 사실 말의 속도도 빠르고 발음이나 억양도 다양하고 명확하지 않을뿐더러 리스닝의 분량 자체가 길기 때문에 초급자나 중급자가 학습 목적으로 듣기에는 적절하지 않습니다. 교재와 같이 리스닝 훈련을 위해 만들어져 있고 발음과 억양의 정확성, 속도의 편안함을 느낄 수 있고 분량이 부담스럽지 않은 것을 선택하는 게 지속적인 훈련을 위한 첫걸음입니다.

단 하나의 완벽한 방법은 존재하지 않지만 초급자에겐 짧은 문장을 듣고 받아쓰거나, 짧은 문장을 듣고 똑같이 따라 말하는 연습도 좋은 방법입니다. 그리고 본인이 말하는 것을 녹음해 들어 보는 것도 좋은 방법입니다. 본인의 소리를 인지하다 보면 자연스럽게 본인의 어색한 발음과 억양에 대해 더욱더 정확하게 진찰할 수 있기 때문입니다.

아나운서와 같은 완벽한 발음과 억양보다는 다른 사람들이 알아들을 수 있는 수준의 정확함과 더불어 본인이 편안하게 낼 수 있는 소리로 말을 하는 게 가장 중요합니다.

Experiences

Lesson 01

영업시간이 어떻게 되죠?
What are your business hours?

쇼핑에 필요한 기본적인 표현들에는 어떤 것이 있을까요?

- What are your business hours?
- We are open from 10-8 daily.

영업시간을 '일하는 시간'으로 생각해서 working hours라고 말하는 사람들이 많습니다. 하지만 '영업시간'은 business hours라고 해야 합니다. 또한 hours of operation이라고도 할 수 있죠.

- ex What are your **business hours**? 영업시간이 어떻게 되죠?
- ex What **time** are you **open for business**? 영업시간이 어떻게 되세요?

🖱️ 이것이 포인트!

business hours에 대해 문의할 때 어떻게 말할까요?

📂 **open** 몇 시에 문을 여는지를 물어볼 때
What time does the store **open**? 몇 시에 가게 문을 여나요?

📂 **close** 몇 시에 문을 닫는지를 물어볼 때
What time does the store **close**? 몇 시에 가게 문을 닫나요?

상점의 '점원'을 가리키는 표현도 같이 알아두세요. 가게에서 일하는 직원은 worker가 아닌 clerk로 표현합니다. 매장 직원은 sales clerk이고, 카운터 직원은 cashier라고 합니다.

I'm waiting for the **sales clerk** to get me a different size.
매장 직원이 다른 사이즈를 가져다주길 기다리고 있어요.

📢 이렇게 말한다!

🎧 MP3 8-01

Sales Clerk	Can I help you?	S 도와드릴까요?
Priscilla	Yes, do you have this dress in a small size?	P 네, 이 원피스 스몰 사이즈 있나요?
Sales Clerk	I have a small in blue but not in black. Do you want to try the blue one for size?	S 스몰 사이즈는 검정색이 아니라 파란색만 있어요. 사이즈가 어떤지 파란색 한번 입어 보시겠어요?
Priscilla	Sure. Where is the fitting room?	P 네. 탈의실이 어디 있죠?
Sales Clerk	Just straight ahead.	S 앞으로 쭉 가시면 되요.

Lesson 02
은행이 어디예요?
Where is the bank?

여행할 때 기본적으로 필요한 '길 물어보기'에는 어떤 표현들이 있을까요?

찾는 곳이 어디에 있는지 물어볼 때는 Where is ~? 패턴을 사용합니다. 길을 물어볼 때 가장 흔히 사용하는 표현이죠.

> **ex** Where is the bus stop? 버스 정류장은 어디에 있나요?

이것이 포인트!

Where is ~? 외에 길이나 건물의 위치를 물어볼 때 쓰는 다른 표현들도 같이 알아두세요. 이것들도 일상생활에서 자주 쓰이는 표현들입니다.

> **기본적인 위치 표현**
>
> left 왼쪽
> right 오른쪽
> straight 직진
> at the corner of 코너의
> in front of 앞에
> behind 뒤에
> across from 건너편에
> between 가운데에
> beside 옆에
> next to 옆에

📁 **How do I get to ~?** ~에 어떻게 가요?
(구체적인 방향을 물어볼 때)

How do I get to Woori Bank?
우리은행은 어떻게 가면 되죠?

📁 **Could you point ~?** 손으로 방향을 가르쳐주실 수 있나요?
(정확한 위치 및 가는 방향을 물을 때)

Could you point me in the right direction?
손으로 맞는 방향을 좀 가르쳐 주시겠어요?

이렇게 말한다!

🎧 MP3 8-02

Mia	Excuse me, can you tell me **how I can get to Insadong**?	M 실례합니다. 인사동에 가는 법을 알려 주실 수 있으세요?
Dylan	You can take… 171. Go straight until you see B-mart. Turn right and cross the street. There should be a 171 bus stop in front of the building.	D 음… 171번을 타면 갈 수 있어요. 비마트가 나올 때까지 직진하세요. 그리고 거기서 우회전을 해서 길을 건너세요. 그러면 건물 앞에 171번 정류장이 있을 거예요.
Mia	Thank you so much!	M 정말 감사합니다!
Dylan	You are welcome. Enjoy your stay!	D 별말씀을요. 즐거운 시간 보내세요!

Lesson 03
호랑이도 제 말 하면 온다더니!
Speak of the devil!

'호랑이도 제 말 하면 온다더니!'를 영어로 하면?

어떤 사람에 대해 얘기하고 있는데 그 사람이 등장했을 때 '호랑이가 제 말 하면 온다더니!'라고 말하죠? 외국에서는 호랑이가 아니라 더 무시무시한 devil(악마)이 온다고 표현합니다. Speak of the devil!

- **ex** **Speak of the devil! There he is!**
  호랑이도 제 말 하면 온다더니! 그가 여기에 있네!
- **ex** **Speak of the devil** and he walks in.
  호랑이도 제 말 하면 온다더니, 정말 걸어 들어오네.

이것이 포인트!

Speak of the devil은 악마에 대한 이야기가 악마를 부른다는 미신에서 파생된 표현입니다. devil(악마)에 대한 미신, 하나 더 알아볼까요? Better the devil you know than the devil you don't know는 직역하면 '내가 아는 악마가 내가 모르는 악마보다 낫다'로, 두 가지의 안 좋은 것들 중에서 선택을 해야 한다면 내가 이미 알고 있는 안 좋은 것을 선택하는 것이 경험해 보지 못한 안 좋은 것을 선택하는 것보단 낫다는 뜻입니다.

A I'm thinking of asking to be transferred.
다른 부서로 이동시켜 달라고 할까 봐.

B I don't know if it's such a good idea. **Better the devil you know than the devil you don't know.**
과연 그게 좋은 생각인지 모르겠는데? 알고 있는 악마가 새로운 악마보다 낫지.

이렇게 말한다!

MP3 8-03

Michelle	I haven't seen Jake for days.
Priscilla	Oh, here he comes, walking in.
Michelle	**Speak of the devil!**
Jake	Ladies, what were you guys talking about?

M 제이크를 며칠 동안 보질 못했네.
P 아, 그렇게 말하는 순간 걸어 들어오네.
M 호랑이도 제 말 하면 온다더니!
J 무슨 얘기 하고 있었는데?

Lesson 04
수하물은 어디에 있나요?
Where is the baggage claim?

공항에서 필요한 영어 표현을 알아보겠습니다.

Where is the baggage claim?

'항공권'은 boarding pass, '수하물'은 baggage 또는 luggage라고 합니다. 발권 후에는 '보안 검사'인 security check와 '입출국 심사'인 immigration을 통과해 gate(출구) 앞에서 비행기에 탑승하게 되죠.

- ex I'd like to **check in** two bags. 가방을 두 개 부치고 싶습니다.
- ex How long is the wait at the **security check point**? 보안 검색 구간에서의 대기 시간은 얼마나 되죠?

이것이 포인트!

공항에서 찾아볼 수 있는 용어들을 좀 더 살펴볼까요?

carry on 기내에 들고 탈 수 있는 가방
banned items 기내에 반입 금지된 물건
flight 비행, 비행기
flight attendant 기내 승무원
round trip 왕복   one way 편도
arrival 도착   departure 출발
take off 이륙   landing 착륙
transit / transfer / lay over 경유
destination 목적지
in-flight service 기내 서비스

이렇게 말한다!

MP3 8-04

Julia	Do you know if I have to check in again for my **connecting flight**?
Flight Attendant	Where is your **final destination**?
Julia	Boston.
Flight Attendant	Okay. Your **transit gate** is 123 and your **layover time** will be a little less than 4 hours in Toronto. And it looks like you don't have to **check in** again.

J 혹시 중간에 경유하면 다시 체크인 해야 하나요?
F 어디까지 가시죠?
J 보스턴이요.
F 네. 경유지 게이트는 123이고, 경유지인 토론토에서 4시간 조금 안 되게 대기하시네요. 그리고 체크인은 따로 안 하셔도 되세요.

Lesson 05

체크인 하고 싶어요.
I'd like to check in please.

이번에는 호텔에서 투숙할 때 필요한 영어 표현을 알아볼게요.

주문하거나 서비스를 요청할 때는 I'd like to~ 패턴이 가장 흔히 쓰입니다. 체크인을 할 때도 I'd like to check in이라고 하고, 예약을 확인할 때 역시 I'd like to confirm my reservation이라고 할 수 있습니다.

- **ex** I'd like to **check out,** please. 체크아웃 하고 싶습니다.
- **ex** I'd like to **get some more towels,** please. 수건 좀 더 가져다주세요.

이것이 포인트!

다음은 호텔에서 자주 쓰는 표현들이니 기억해 주세요.

amenities 호텔 내 시설   housekeeping 메이드 서비스
roll out bed 간이침대   make reservation 예약을 하다
check in (time) 체크인 (시간)
check out (time) 체크아웃 (시간)
fill out registration form 신청서를 작성하다
complimentary Internet 무료 인터넷

> complimentary는 공짜가 아니라, 돈을 지불한 숙박 요금에 포함되어 있는 서비스입니다.

이렇게 말한다!

🎧 MP3 8-05

Customer	**I'd like to check in please.**	C 체크인 하려고요.
Hotel Clerk	Yes. May I have your name please?	H 네. 성함이 어떻게 되시죠?
Customer	It's Cynthia, Cynthia Kim.	C 신디아. 김 신디아입니다.
Hotel Clerk	Yes Ms. Kim. May I have your passport?	H 네. 여권 좀 주시겠어요?
Customer	Yes. Here you are.	C 네. 여기 있습니다.
Hotel Clerk	Thank you Ms. Kim. I'll just get you to fill out this form please.	H 감사합니다. 이 서식 좀 작성해 주시겠어요?
Customer	Certainly. Is there WIFI in the room?	C 물론이죠. 방에 와이파이가 되나요?
Hotel Clerk	Yes there is.	H 네. 됩니다.
Customer	Perfect.	C 완벽하네요.
Hotel Clerk	Here is your key.	H 키 여기 있습니다.

Lesson 06
잘될 거야.
Keep your fingers crossed.

행운을 빌어 줄 때 Good luck! 말고 다른 멋진 표현은 없을까요?

손가락을 꼬고 있으면 행운이 이루어질 것이라는 믿음에서 생긴 Keep your fingers crossed!라는 표현은 '행운을 빌어!', '잘 될 거야!'라는 의미입니다.

- **ex** **Keep your fingers crossed!** 잘될 거야!
- **ex** I'll **keep my fingers crossed** for you! 잘 되기를 바랄게!

이것이 포인트!

Keep your fingers crossed!는 행운을 빌어 줄 때뿐만 아니라 소망을 나타낼 때도 쓸 수 있습니다. 예를 들어, 소풍 가는 날에 I better keep my fingers crossed!라고 하면 '날씨가 좋길 바란다'는 의미입니다.

> I'm sure he will call. I'll keep my **fingers crossed for you.**
> 그 사람한테 분명히 연락이 올 거야. 내가 널 위해 행운을 빌어 줄게.

Good luck!과 같은 뜻으로 Break a leg!도 있습니다. 이 표현은 격의 없이 친한 사이에 쓰는 다소 캐주얼한 표현입니다. 중요한 시험을 앞둔 친구에게 Break a leg!라고 할 수 있습니다.

이렇게 말한다!

MP3 8-06

Sarah	You seem uneasy, Michelle. What's wrong?	S 미셸, 무슨 일 있어? 안절부절못하네.
Michelle	I have a road test this afternoon.	M 나 오후에 도로 주행 시험이 있어.
Sarah	Is this your first time?	S 이번이 처음이야?
Michelle	No it isn't. This is my third time so I really want to pass.	M 아니. 이번이 세 번째야. 나 이번엔 정말 면허 취득하고 싶어.
Sarah	You'll be fine. **I'll keep my fingers crossed for you!**	S 잘 할 거야. 내가 행운을 빌어 줄게!
Michelle	Thanks, Sarah.	M 고마워, 새라.

Lesson 07
어디가 불편하세요?
What seems to be the problem?

병원에서 필요한 영어는 전문 의학 용어만 있을까요?

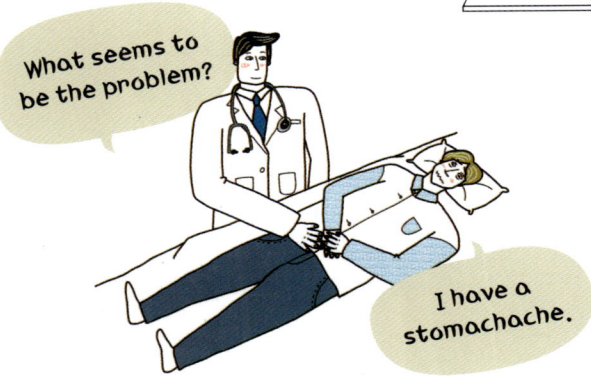

병원에서 진료를 시작하면 의사는 제일 먼저 어떻게 몸이 불편한지(What seems to be the problem?)를 물어봅니다. 환자들이 증상(symptoms)을 설명하면 의사는 그에 맞는 진찰(diagnosis)을 하고, 필요하면 처방(prescription)을 주거나 치료(treatment)를 합니다.

- ex **What seems to be the problem?** 어디가 어떻게 안 좋으신가요?
- ex **What are your symptoms?** 증상이 어떻게 되시죠?

이것이 포인트!

📁 **hopital/clinic/doctor's office** 병원

대학 병원 같은 대형 병원은 hospital이라고 칭하지만, 일반적인 '개인 병원'은 clinic이나 doctor's office라고 합니다. 그래서 '병원에 간다'고 할 때도 go to see a doctor라고 표현합니다.

📁 **family doctor/specialist** 의사, 전문의

미국이나 캐나다의 의료 시스템은 한국과는 많은 차이가 있는데, 가장 큰 차이점은 가정의에게 진찰을 받고 전문의를 소개받아서 진찰을 받는다는 것입니다. '가정의'는 family doctor, '전문의'는 specialist라고 합니다.

📁 **prescription** 처방전

'처방전'은 prescription이라고 합니다. 약국은 한국처럼 개인적으로 약국을 개업하는 경우보다는 drugstore 안에 pharmacy가 있는 경우가 더 많습니다. 처방전 없이 자유롭게 구입할 수 있는 약들은 over the counter drugs(카운터에서 계산 가능한 약품)라는 표시가 붙어 있습니다.

이렇게 말한다!

🎧 MP3 8-07

Doctor	**What seems to be the problem?**	D 몸이 어떻게 안 좋으신 거죠?
Patient	**I have been throwing up all night.**	P 밤새도록 토했어요.
Doctor	Did you have anything unusual yesterday?	D 안 드시던 걸 드셨나요?
Patient	I had a burger for lunch and and raw fish for dinner.	P 점심에 햄버거를 먹고 저녁으로 회를 먹었어요.
Doctor	Okay. We will run some tests first.	D 알겠습니다. 일단 검사를 좀 해 봐야겠네요.

Lesson 08 조심 또 조심!
Knock on wood!

부적처럼 사용할 수 있는 영어 표현이 있다는 거 아세요?

직역하면 '나무를 두들기라'인 knock on wood는 대화 중에 부적처럼 사용되는 표현입니다. 외국에서는 나무(십자가)가 귀신을 물리친다는 미신이 있는데 여기서 생긴 표현입니다.

- ex **Knock on wood.** (나쁜 일이) 일어나지 않게 해 주세요.
- ex She should be getting better, **knock on wood.** 그녀가 얼른 회복해야 할 텐데.

이것이 포인트!

Knock on wood는 '어떤 일이 일어나면 어떡하지?' 하고 불길한 일에 대해 걱정하며 이야기할 때 그 일이 일어나지 않게 해 달라고 비는 '부적' 같은 표현입니다. wood(나무)는 서양에서는 십자가를 상징합니다. 주변에서 나무를 찾을 수 없을 때는 자신의 머리를 톡톡 치면서 Knock on wood라고 말합니다.

I hope the contract will be signed next week, **knock on wood**.
제발 다음 주에는 계약이 성사되기를.

이렇게 말한다!

🎧 MP3 8-08

Dominic	I can't imagine what it's like to experience a major earthquake like that.	D	나는 저렇게 지진이 나면 어떨지 상상이 안 돼.
Edward	Me too.	E	나도.
Dominic	What would you do? If you were trapped in a building?	D	너 같으면 어떻게 할 것 같아? 만약에 건물 안에 갇히게 된다면 말이야.
Edward	If I were trapped in a building… **Knock on wood**… I would probably duck under a desk and cover my head with a sweater.	E	만약에 내가 건물에 갇히게 된다면… 일어나지 않길 바라지만… 나는 아마 책상 아래서 몸을 낮추고 스웨터로 머리를 덮을 것 같아.
Dominic	I think I would call my family first.	D	난 가족한테 전화 먼저 할 것 같아.
Edward	Of course, that too.	E	물론 그것도 그렇지.

Lesson 09
누가 제 지갑을 훔쳐 갔어요.
Someone stole my wallet.

범죄를 신고할 때 사용되는 표현에는 어떤 것들이 있을까요?

세상엔 다양한 범죄가 존재하고 그에 따른 다양한 처벌이 존재합니다. 범죄를 신고할 때 필요한 표현은 주로 범죄를 나타내는 단어와 범죄 상황을 묘사하는 표현들입니다.

- ex) I'd like to **report a crime,** please. 범죄를 신고하고 싶습니다.
- ex) Can you **describe the incident in details** please?
  그 사건에 대해 자세히 묘사해 주시겠습니까?

이것이 포인트!

경찰서에서 신고를 하면 어떤 일로 인해 신고를 하는지 물어보겠죠?

Someone stole my wallet. 누군가가 제 지갑을 훔쳐 갔어요.

'소매치기'는 pickpocket 이라고 합니다.

그 다음엔 경찰이 범죄자의 인상착의와 그 상황에 대해서 물어볼 것입니다.

Can you describe the person who stole your wallet?
지갑을 훔친 사람을 묘사[설명]해 주시겠어요?

목격자, 사건의 시간과 장소에 대해 질문하거나 서식 등을 작성하도록 요구할 것입니다.

Were there any witnesses? 목격자가 있었나요?
Can you fill out this form and leave your contact information.
이 서식을 작성해 주시고 연락처를 남겨 주시겠어요?

이렇게 말한다!

MP3 8-09

Edward	**I'd like to report a crime, please. A guy ran off with my bag.**	E 범죄를 신고하고 싶습니다. 어떤 남자가 제 가방을 가지고 달아났어요.
Police Officer	**When and where did this incident take place?**	P 언제, 어디서 일어난 일이죠?
Edward	Just 10 minutes ago at the bus stop.	E 한 10분 전에 버스 정류장에서요.
Police Officer	**Were there any witnesses?**	P 목격자가 있었나요?
Edward	There were couple of people at the bus stop.	E 버스 정류장에 몇몇 사람들이 있었어요.

Lesson 10

비밀이 누설됐어.
The cat's out of the bag.

'고양이가 가방에서 나왔다'는 대체 무슨 말일까요?

The cat's out of the bag은 고양이를 선물로 주기 위해 가방 안에 몰래 숨겨 두었는데 그새를 못 참고 고양이가 가방 안에서 나와서 깜짝 놀래켜 주지 못한 상황처럼 '비밀이 누설되다'라는 의미를 가지고 있습니다.

- ex **The cat's out of the bag.** 비밀이 누설됐어.
- ex **Who spilled the beans?** 누가 비밀을 누설한 거야?

🖱 이것이 포인트!

The cat's out of the bag!은 다소 아리송하지만 어떤 상황에서 적용할 수 있는 표현인지 알고 나면 위트 있게 사용할 수 있습니다. 예를 들어, Claire의 생일 날 친구들이 깜짝 파티를 준비하고 있는데, 누군가 눈치 없이 Claire에게 이 모든 계획을 말해 버렸을 때 쓸 수 있겠죠.

> She let **the cat out of the bag!** 걔가 비밀을 누설했어!

비슷한 표현인 spill the beans도 같이 알아두세요. spill은 '~을 흘리다'라는 뜻인데 '주머니 안에 콩(비밀)이 전부 다 흘러나왔다'라는 말처럼 비밀이 누설되었음을 표현합니다.

📢 이렇게 말한다!

🎧 MP3 8-10

Brian	Are we all set for Claire's surprise party tomorrow?	B 우리 내일 클레어 깜짝 파티 준비 다 됐지?
Mike	We should be.	M 응, 그럴 거야.
Jessica	Oh... I think **the cat's out of the bag**.	J 아… 누가 말한 것 같아.
Mike	What? Why?	M 뭐? 왜?
Jessica	Do you remember Mary, the woman Claire works with? Apparently she spilled the beans.	J 너 클레어랑 같이 일하는 메리라는 여자 기억나? 걔가 우리 비밀을 폭로했대.
Mike	But we didn't even invite her!	M 아니, 근데 우리는 걔 초대도 하지 않았잖아!
Brian	Is that why she let the cat out of the bag?	B 설마 그래서 말한 거 아니야?

Lesson 11

조르지 마.
Stop twisting my arm.

'팔을 비튼다'는 말은 어떤 상황에서 하는 말일까요?

twist someone's arm은 '권유하다', '압박을 가해 어떤 일을 하게 만들다'라는 의미를 가지고 있습니다. 어떻게 보면 너무나 당연한 뜻일 수도 있습니다. 말 그대로 누군가의 팔을 비틀면 아프기 마련이죠. 이처럼 이 표현의 숨겨져 있는 뜻은 압박을 가해 어떤 일을 권유하거나 시킨다는 것입니다.

- **ex** If you **twist his arm** a little, he will stay for another beer.
  조금만 더 조르면, 맥주 한잔 더 하고 가실걸요.

- **ex** Don't make me **twist your arm** to get that report finished.
  내가 압박을 가해서 그 보고서를 끝내게 하지 마세요.

이것이 포인트!

twist someone's arm의 핵심은 하기 싫은 일을 압박을 가해서 하게 만든다는 것에 있습니다. 비슷한 표현으로 wrap someone around your little finger도 같이 기억해 두세요. 이 표현은 '누군가를 내 손가락으로 감싸버릴 수 있다'는 뜻으로, 우리가 흔히 '누군가가 내 손바닥 위에 있다'라고 하는 말과 같은 의미입니다.

> I know you've got Tom **wrapped around your finger.** He's totally in love with you.
> 탐이 네 손바닥 위에 있는 걸 알겠어. 너한테 완전히 빠져 있잖아.

위의 표현은 wrap이 아닌 twist를 사용하여 twist somebody around your little finger로 쓰이기도 합니다. 이 표현의 핵심적인 뉘앙스는 어떤 두 사람의 관계에서 주도권을 나타내고 있다는것 입니다.

이렇게 말한다!

MP3 8-11

Edward	You have Rob wrapped around your finger.	E	롭이 너한테 완전 꼼짝 못하네.
Jane	No, that's not true. **I still have to twist his arm a little.**	J	아니야 그렇지도 않아. 나도 살짝의 압박은 가해야 해.
Edward	Well, he's playing it smart.	E	똑똑하게 잘 처신하고 있네.
Jane	That's what I like about him, I guess.	J	응 나도 그 사람의 그런 면을 좋아하는 거 같아.

메모

연세대학교
외국어학당
영어회화